¿RESCATAR O TERMINAR MI RELACIÓN?

Cómo Saber si Rescatar una Relación o si es Momento de Seguir Adelante

LINDEN CASTILLO

© Copyright 2022 – Linden Castillo - Todos los derechos reservados.

Este documento está orientado a proporcionar información exacta y confiable con respecto al tema tratado. La publicación se vende con la idea de que el editor no tiene la obligación de prestar servicios oficialmente autorizados o de otro modo calificados. Si es necesario un consejo legal o profesional, se debe consultar con un individuo practicado en la profesión.

- Tomado de una Declaración de Principios que fue aceptada y aprobada por unanimidad por un Comité del Colegio de Abogados de Estados Unidos y un Comité de Editores y Asociaciones.

De ninguna manera es legal reproducir, duplicar o transmitir cualquier parte de este documento en forma electrónica o impresa.

La grabación de esta publicación está estrictamente prohibida y no se permite el almacenamiento de este documento a menos que cuente con el permiso por escrito del editor. Todos los derechos reservados.

La información provista en este documento es considerada veraz y coherente, en el sentido de que cualquier responsabilidad, en términos de falta de atención o de otro tipo, por el uso o abuso de cualquier política, proceso o dirección contenida en el mismo, es responsabilidad absoluta y exclusiva del lector receptor. Bajo ninguna circunstancia se responsabilizará legalmente al editor por cualquier reparación, daño o pérdida monetaria como consecuencia de la información contenida en este documento, ya sea directa o indirectamente.

Los autores respectivos poseen todos los derechos de autor que no pertenecen al editor.

La información contenida en este documento se ofrece únicamente con fines informativos, y es universal como tal. La presentación de la información se realiza sin contrato y sin ningún tipo de garantía endosada.

El uso de marcas comerciales en este documento carece de consentimiento, y la publicación de la marca comercial no tiene ni el permiso ni el respaldo del propietario de la misma.

Todas las marcas comerciales dentro de este libro se usan solo para fines de aclaración y pertenecen a sus propietarios, quienes no están relacionados con este documento.

Índice

Introducción — vii

1. Necesito Una Pareja Nueva — 1
2. ¿Con Quién Estás En Una Relación? — 23
3. Una Persona Narcisista — 29
4. Una Persona Aprovechada — 57
5. Un Matón — 85
6. Romper Es Difícil — 119
7. Adriana Es Feliz Para Siempre — 135
8. Avanzando Y Yendo Hacia Arriba — 161

Conclusión — 163

Introducción

Una frase que probablemente nunca escucharás: las citas son fáciles. De hecho, puede ser una de las cosas más difíciles que las personas solteras tienen que enfrentar. Después de todo, ¿cómo conviertes a un extraño en el amor de tu vida? Todos los que conoces y con los que tienes una cita no van a ser "el indicado". Hay alguien para todos, pero puede llevarte un tiempo encontrar a alguien que sea el equilibrio perfecto para ti.

Desafortunadamente, no todas las personas que conozcas van a ser material de matrimonio. Ni siquiera todos tendrán material para citas. Hay momentos en los que sabrás que necesitas salir de una relación. Luego, habrá momentos en los que simplemente no sabrás si son adecuados para ti o no. Tus amigos pueden ser los primeros en notar que hay un problema en la relación. Una vez que te das cuenta de que no son adecuados para ti, lo más fácil es cortar los lazos y huir. De lo contrario, arriesgas tu salud mental y emocional (y a veces tu salud física) al permanecer en la relación equivocada.

Si bien sería fácil simplemente usar una lista de verificación al salir con alguien, por lo general no es tan fácil. ¿Él/ella está guapo/bonita? Una palomita.

¿Es inteligente? Una palomita. ¿Es amable conmigo? Una palomita. ¿A mis amigos les gusta? Una palomita. Ciertos activos son más fáciles de marcar que otros.

En este libro, el objetivo es facilitarte la detección de malos tipos de relaciones. En lugar de proporcionarte una lista de verificación básica, te contaremos varias historias. De esta manera, podrás detectar los problemas dentro de las historias.

Podrás identificarte con una pareja sobre otra en función de con quién estás saliendo (o con quién has salido en el pasado o con quién saldrás en el futuro). Podrás detectar a una persona narcisista, una aprovechada o un matón o matona a una milla de distancia para cuando termines con este libro.

Una vez que hayas leído la historia, obtendrás una vista de perfil de la pareja de un terapeuta para que puedas ver por qué la relación no es saludable. Si estás en una relación similar, descubrirás cómo terminar y seguir adelante con tu vida. No importa si eres hombre o mujer este libro aplica de la misma manera.

Introducción

Las relaciones no son fáciles y lo entendemos. Sin embargo, hay una serie de beneficios de estar en una relación cuando es saludable y mutuamente beneficiosa para ambos. Cuando ambos están de acuerdo en los asuntos importantes, se convierte en una persona con la que vivir la vida. Puedes compartir los altibajos, posiblemente formar una familia y disfrutar el resto de tu vida con una persona.

Si una persona te hace sentir mal contigo mismo, cuestiona tu juicio o pierde de vista quién eres, no estás en una buena relación. Además, si no estás en el mismo camino que esa persona, puede que te termine rompiendo el corazón. La consecuencia de esto es que podrías pasar los próximos años descargando tu decepción y agresión en otras personas, y eso simplemente no es justo para nadie.

En esta guía te mostraremos cómo puedes evitar las malas relaciones, salir de ellas y encontrar algunas más sanas que perseguir. Será más feliz y saludable una vez que estés en una relación en la que te hayas encontrado a tu igual, y te mostraremos cómo lograrlo.

Entonces, ¿estás en una mala relación? Permítenos ayudarte a discernir lo mejor que podría hacer en tu situación y a planificar tu ruta de escape si esto fuera necesario.

No todas las relaciones están destinadas a durar para siempre.

Algunas personas llegan a nuestras vidas para enseñarnos lecciones de vida importantes y a veces dolorosas y luego se van. Depende de nosotros cómo usamos esta experiencia para tomar mejores decisiones en el futuro.

1

Necesito Una Pareja Nueva

"Necesito una pareja nueva". Es la primera cosa honesta que te dices a ti mismo en mucho tiempo. Sabes que no estás en la relación perfecta. Sabes que muy posiblemente te mereces algo mejor. Ahora tienes que decidir qué vas a hacer al respecto.

Mereces más. A veces, tienes que recordártelo. A veces, también necesitas que tus amigos te lo recuerden.

Las malas relaciones son malas y a menudo adictivas. Si no sales de ellas, te pueden consumir. No vale la pena ser consumido por ninguna relación, especialmente si llevas tu autoestima y tu auto valor a mínimos históricos.

La guía compartida por los consejeros matrimoniales puede ayudarte a darte cuenta de que necesitas un hombre nuevo.

. . .

Incluso pueden ayudarte a decidir un poco más sobre qué tipo de hombre quieres y cómo saber cuándo lo has encontrado.

Una vez que sepas que necesitas un hombre nuevo, debes convencerte de ello de principio a fin. Hará que sea más fácil terminar las cosas con la persona que tienes ahora. Es el primer paso para planificar tu ruta de escape. Cuanto más tiempo permanezcas en una mala relación, más difícil será terminarla.

NO TODAS LAS RELACIONES SON BUENAS

Esto puede ser evidente, pero algunas relaciones son intrínsecamente tóxicas. No querrás permanecer en una relación que es mala para ti más tiempo del absolutamente necesario. Puedes dañar tu corazón, tus emociones y todo tu espíritu. Ninguna relación vale la pena si te está destrozando mental y emocionalmente. Ahí es cuando sabes que es hora de irte.

Si alguna vez has tenido que justificar a una pareja, ante ti mismo o ante los demás, probablemente no sea la relación más saludable para estar. No deberías tener que poner excusas por las que estás con alguien. En cambio, debería ser obvio que ustedes dos están enamorados y que todo va bien.

Los malos noviazgos suelen ser adictivos. Para algunas adicciones, un programa de 12 pasos es una necesidad. Con una mala relación, el primer paso es entender que estás en una. Este tipo de lazos son insatisfactorios y emocionalmente agotadores. Puede traerte dolor de una manera u otra. Incluso podrías ser consciente de que tan disfuncional es.

Es posible que aceptes el conflicto una y otra vez porque no sabes cómo alejarte. Pones excusas. Sin embargo, no te estás haciendo ningún favor. De hecho, estás perdiendo el tiempo, castigándote y perdiendo amistades en el camino. Si tus amigos alguna vez te han dicho: "¿Cómo puedes dejar que te trate de esa manera?" puede haber un problema. Además, si continúas ignorando lo que tus amigos tienen que decir, eventualmente te dejarán cometer tus propios errores (una y otra vez).

Si aceptas lo que está pasando o finges que no está pasando, solo estás empeorando las cosas. Un mal noviazgo puede conducir a la ira, la ansiedad y la depresión. Ninguna de estas cosas es saludable.

De hecho, las malas relaciones generalmente son el resultado de una baja autoestima. Tu pareja puede incluso ser la razón de tener tan baja autoestima o auto valor. Pueden ser verbal o emocionalmente abusivos hasta un nivel en el que hayas comenzado a creerles. Eso no es algo sano. Así no es como se ve el amor.

Justificar permanecer con una persona que no nos hace bien es peligroso. Hay muchas mentiras que también puedes decirte a ti mismo. ¿Quieres saber si es víctima de justificar una mala relación? Mira si has usado uno de estos:

- Puedo cambiarlo con el tiempo.
- No está tan mal.
- No quiero estar solo.
- He invertido demasiado en la relación.
- No quiero perder amigos por eso.
- No quiero enfrentarlo.
- Estamos demasiado entrelazados para poder salir.
- Las citas dan demasiado miedo.
- No soy lo suficientemente bueno para nadie más.
- No quiero que se moleste.

Estas son las diferentes mentiras que nos decimos a nosotros mismos para quedarnos con alguien que no es bueno para nosotros. El problema es que puedes amarlo. Es posible que tengas una vida bastante entrelazada con esa persona. Ya sea que vivan juntos o no, pueden compartir amigos similares, pueden trabajar juntos, ir a la escuela juntos o estar involucrados de varias otras maneras.

. . .

Puedes hacer todas las justificaciones que quieras. Sin embargo, las malas relaciones son malas. Cuanto más tiempo inviertas, más difícil será irte. No importa lo difícil que sea, te debes a ti mismo aprender a alejarte.

Permanecer en una mala relación es perjudicial para la salud. Puede ser desgarrador si tu permites que así sea. Junto con la lista de excusas que probablemente hayas utilizado en un momento u otro, existe una alternativa que es considerablemente más positiva. Recordar que las excusas son simplemente excusas, te da la fuerza para seguir adelante.

- No puedes cambiar a todas las personas que conoces.
- A veces, es tan malo.
- Estar solo puede ser saludable.
- Invertir tiempo en la relación equivocada es una mala inversión.
- Los verdaderos amigos se quedarán contigo incluso después de que dejes a uno de tus amigos.
- La confrontación generalmente no es tan mala como crees que será.
- Las relaciones entrelazadas acaban todo el tiempo.
- Las citas pueden dar miedo, pero también pueden valer la pena.
- Eres lo suficientemente bueno para otras personas.

- Hacer enojar a alguien rompiendo con ellos significa que ellos son los inestables, no tú.

Puede requerir que te recuerdes estas cosas regularmente.

Puede que no seas una persona conflictiva. Es natural querer evitar el drama a toda costa. Una vez que decidas que quieres ser feliz y tener una relación estable, vale la pena sumergirse en el drama por un corto período de tiempo para que puedas finalmente seguir adelante y vivir tu mejor vida.

Aprende cómo es una relación saludable. Si todo lo que has tenido son malas relaciones, puede ser difícil saber cómo es realmente tener una buena. De hecho, puedes suponer que "esto es lo mejor que vas a tener de una pareja". Esa es otra mentira que nos decimos a nosotros mismos porque tenemos miedo de actuar e ir tras algo que es más grande y mejor de lo que estamos ahora.

Hay un término medio entre las comedias románticas de "felices para siempre" y la relación mediocre de "esto servirá" en la que estás ahora.

Echa un vistazo a algunos de tus amigos o familiares para obtener pistas sobre cómo es una relación real. Debe haber un tomar y dar entre la pareja. Cuando le preguntas a cada miembro de la sociedad por separado si están contentos, dicen que sí y lo dicen en serio. No pasan la mayor parte de su tiempo envueltos en conflictos o insatisfacciones por una u otra cosa.

La felicidad está disponible para ti. Está ahí fuera. Solo tienes que ser lo suficientemente valiente para ir tras él y ser lo suficientemente honesto para saber cuándo lo has encontrado.

LOS CONSEJEROS MATRIMONIALES LO CUENTAN TODO

Los consejeros matrimoniales tratan de hacer que las parejas funcionen. Pueden identificar fácilmente una mala relación entre la multitud. Hablando contigo mismo un rato, puedes averiguar si tú y tu pareja podrán llegar hasta el final o no. Prestan atención a cosas como el lenguaje corporal, el nivel de respeto utilizado al hablar entre ellos, los objetivos y mucho más.

Los consejeros matrimoniales sugieren que todos pasen por una consejería prematrimonial antes de casarse.
    Se aseguran que las metas se alineen y que todos estén felices para que la relación sea capaz de mantenerse año tras año. Considéralo como una inspección, como la que recibi-

rías al comprar un automóvil o una casa. Un buen matrimonio va a durar más que cualquiera de esas cosas, por lo que solo tiene sentido hacer una inspección.

Cuando pasas por un asesoramiento prematrimonial, puede ser una experiencia reveladora. Te hace empezar a pensar en el futuro y cómo va a ser con tu pareja actual. Te ayudará a decidir si realmente quieres compartir tu vida con esta persona. Si la persona con la que estás tiene una perspectiva muy diferente de la vida, es posible que tengas que hacer concesiones. En algunos casos, el compromiso está fuera de discusión. Cuando este es el caso, los consejeros matrimoniales tienen que hacer lo difícil e identificar que puede no ser una buena idea que ustedes dos se casen.

Aunque es posible que todavía no estés listo para decir "Sí, acepto", mirar todas las cosas que un consejero matrimonial observará durante la consejería prematrimonial puede ser una manera de decidir si estás en una buena relación o si no. Si te preguntas si necesitas a alguien nuevo, es probable que necesites analizar detenidamente tu relación.

Diferentes consejeros matrimoniales abordarán la consejería prematrimonial de diferentes maneras. Muchos utilizarán una evaluación de los lenguajes del amor para determinar si tú y tu pareja hablan el mismo lenguaje del amor. El lenguaje del amor es una forma de mejorar las relaciones.

. . .

El concepto se basa en cinco lenguajes de amor:

- Palabras de afirmación
- Regalos
- Actos de servicio
- Contacto físico
- Tiempo de calidad

Todo el mundo habla al menos uno de estos idiomas, aunque mucha gente habla varios. Varios cuestionarios te ayudarán a determinar cuál idioma es tu fuerte. Si hablas un idioma diferente al de tu pareja, puede ser como si los dos estuvieran hablando idiomas extranjeros entre sí. Puede permitirte alguna comunicación básica, pero no estás haciendo el trabajo en toda su extensión.

Si tú y tu pareja hablan lenguajes de amor diferentes, puede ser difícil durante toda su relación. Esto no quiere decir que sea imposible, pero será un desafío. Esto significa que tienen que trabajar activamente para hablar los lenguajes de amor de cada uno de manera regular para que cada uno de ustedes se sienta amado.

Por ejemplo, si tu fuerte está en las palabras de afirmación, querrás asegurarte de escuchar palabras como "Gracias" y "Te amo". Si tu pareja no dice estas palabras con regularidad, puede hacer que te sientas despreciado y amado. Esto no significa que tu pareja no sea agradecida y no esté enamorada. Sin embargo, pueden tener un lenguaje de amor diferente, como el contacto físico. Verte y darte un abrazo o tomarte de la mano es su manera de decirte que disfruta pasar tiempo contigo. Disfrutan de tu compañía y quieren tocarte para decírtelo.

Lo mismo puede decirse de cualquiera de los lenguajes del amor. A alguien le puede gustar dar regalos para mostrar su amor, mientras que otros pueden simplemente querer pasar tiempo de calidad contigo, como salir, ver películas o dar un largo paseo por la playa. Luego están aquellas personas que creen en los actos de servicio, como hacer cosas especiales para ti, como cocinar, lavar los platos o llevar tu auto a cambiar el aceite.

Saber cómo tu pareja expresa su amor es un paso importante para determinar si puedes comunicarte con ella o no. Además, necesitas saber que tu pareja entiende tu lenguaje y puede hablarlo con fluidez para darte lo que necesitas. De lo contrario, es probable que te sientas insatisfecho en la relación.

Un consejero matrimonial también puede utilizar diferentes programas basados en la fe. Muchas iglesias no casarán a una pareja hasta que hayan recibido la bendición de un consejero matrimonial que identifique su compatibilidad. Si un consejero matrimonial siente que hay mala comunicación o que la pareja está en dos caminos diferentes en la vida, sugerirá que la pareja no se case. En este caso, puede ser difícil encontrar un sacerdote o pastor para brindar las nupcias.

. . .

Muchos de los programas basados en la fe implican hacer una serie de preguntas a cada socio. Si las preguntas no se pueden responder o si cada socio las responde de manera completamente diferente, se encienden las banderas rojas. Esto puede llevar a semanas de asesoramiento para arreglar las cosas y potencialmente una recomendación para evitar el matrimonio.

Las preguntas que hace un consejero matrimonial durante la consejería prematrimonial se deben preguntar tan pronto como comiences a preguntar si necesitas estar en una nueva relación o no.

¿La conversación fluye con facilidad?

La comunicación es una parte importante de cualquier relación sana. Debes asegurarte de que los dos puedan hablar sobre cualquier cosa. Si hay cosas de las que te sientes incómodo hablando, pregúntate por qué.

Las conversaciones deben fluir fácilmente. Si ustedes dos no pueden perderse en una conversación, hablando de cualquier cosa, será difícil mantener una relación por un largo período de tiempo. Las conversaciones nunca deben ser unilaterales tampoco. Si una persona habla todo el tiempo, no hay suficiente igualdad en la relación.

. . .

¿Confías en todo lo que hace?

La confianza es otro pilar en una relación. Sin confianza, no tienes nada. Puede haber cosas que hayas hecho en el pasado que le hayan dado motivos para no confiar, como la infidelidad. Si has elegido superar una indiscreción, debes estar listo para confiarle tus secretos, tus preocupaciones y tu corazón.

Si sientes que no puedes confiar en esa persona, decídete si esto es fugaz o si hay algo que él o ella pueda hacer para ganarse esa confianza. Al final, si no puedes confiar, tienes que terminar la relación porque solo terminará lastimándote.

¿Ambos son financieramente independientes?

Es importante que cada uno de ustedes sea independiente el uno del otro financieramente. Si él tiene trabajo y tú no, puedes apoyarte en él más de lo que es saludable. Si tienes un trabajo y él no, puede resultar en que se apoye más en ti. Para pasar a una buena relación, deben ser financieramente independientes el uno del otro.

Si bien este puede no ser siempre el caso en tu relación, como si los dos se casaran y uno decide quedarse en casa después de tener hijos, debe ser así al principio. De lo contrario, puede convertirse en resentimiento por no poder tener tu independencia. No querrás cuestionar si están contigo por la situación financiera o por amor.

¿Te ves envejeciendo con tu pareja?

Ya sea que tengas 25, 45 o incluso 65 años, esta es una pregunta que debes hacerte. Cierra los ojos y visualiza esto por un minuto. Esto puede ser una verificación de la realidad para ti de muchas maneras.

Muchas personas no se dan cuenta de que están en una relación solo por estar en una relación hasta que hacen esta verificación. Si no puedes verte envejeciendo con la persona con la que estás, entonces no es un elemento permanente en tu vida.

Del mismo modo, si esa persona no puede verse envejeciendo contigo, es mejor que lo sepas ahora. No quieres estar en una relación que no va a ninguna parte, especialmente si tú crees que sí y él no. Puede hacer que te duela el corazón por un tiempo, pero es mejor identificar estas cosas ahora que invertir varios años más en la relación solo para descubrirlo más adelante.

. . .

¿Te ves teniendo hijos?

Demasiadas veces, es fácil quedar atrapado en los sentimientos de lujuria en lugar de amor. Las parejas más jóvenes son especialmente culpables de esto. Se metieron en la madriguera del conejo de la lujuria y el romance y se olvidaron de pensar en lo que significa todo eso. Las relaciones a menudo conducen al matrimonio y el matrimonio a menudo conduce a formar una familia. ¿Cómo te sientes acerca de tener hijos? ¿Cómo te sientes acerca de tener hijos con la persona con la que estás?

Mucha gente que está en una relación saludable se emociona por lo buen padre o madre que será su pareja. Si te preguntas si tu pareja será un buen padre o madre o no, eso dice mucho sobre tu carácter. Es posible que no se esté tratando de la forma en que sabe (quizás en el fondo) que merece ser tratado. Si no puedes verlo como la mamá o papá de tus hijos, es una clara indicación de que la relación debe terminar.

¿Tus aspectos religiosos y políticos se alinean?

Es difícil estar en una relación si no estás de acuerdo con la religión y la política. Llegarán momentos en los que tú te sientas de una manera y tu pareja se siente de otra. Podría convertirse en un argumento trascendental debido a puntos de vista muy diferentes.

Si bien no es necesario estar de acuerdo en todo, es importante estar de acuerdo en las cosas importantes. Si puedes reconocer y apreciar sus diferencias, hay esperanza. Sin embargo, si tú eres cristiano y él es ateo, por ejemplo, puede llevar a una ruptura relacional en un momento u otro. También deberías poder ver las diferencias de los demás como diferentes, no incorrectas. Si los dos discuten que uno o el otro es incorrecto, infantil o estúpido por ver una forma frente a la otra, puede resultar en una incompatibilidad que no se pueda superar.

Todo se reduce a saber si estás en una relación sana o no. Es posible que hayas comenzado a tener la idea de que no estás en una completamente funcional, y eso está bien. Es lo que tú haces al respecto lo que realmente te define. A todos se nos permite cometer algunos errores en el departamento de relaciones de vez en cuando.

Ahora que sabes que no estás con tu verdadero amor, ¿qué vas a hacer al respecto? Te ayudaremos a desarrollar tu ruta de escape, pero debes descubrir con qué tipo de persona estás en una relación. De esta manera, sabrás por qué la relación no va a funcionar y cuál será la mejor manera de terminar.

. . .

MERECES MÁS

Es difícil saber si estás en una buena relación o no. Especialmente si ha sido agradable estar involucrado con alguien. Te llevan a lugares o te sonríen y pierdes todo sentido de quién eres y qué quieres. Al principio, pueden ser tus amigos diciéndole que te mereces algo mejor.

No descartes lo que tus amigos te están diciendo. No están en la relación. Están mirando las cosas desde afuera. Si ven algo que "no está del todo bien", asegúrate de escucharlos. Pueden ver algo que vale la pena explorar en detalle. Si bien no todos los amigos van a ser sinceros, tus amigos más cercanos te están cuidando. Escúchalos.

Puedes comenzar a darte cuenta de que tampoco estás en la mejor relación. Puede comenzar con tu pareja enfocando toda su atención en sí mismo. Puede ser que sus acciones estén disparando las alarmas en tu cabeza. Pase lo que pase, es importante que identifiques los problemas. Muchas personas son capaces de cambiar una vez que les muestras el error de sus caminos. Algunas otras siempre van a ser así. Depende de ti saber cuál es cuál y salir antes de que tengan la oportunidad de causar demasiado daño.

Piensa en tu final. Algunas relaciones están destinadas a ser cortas. Son divertidas mientras duran y luego sigues adelante. Podría ser una relación de verano divertida e inocente. Podría ser un amigo con el que decidiste pasar al siguiente nivel solo para decidir que eran mejor como amigos. Está bien que todas las relaciones no terminen en matrimonio. No tienen que hacerlo.

Antes de que puedas pensar en tu final, es importante ver las razones detrás de las citas.

#1 Descubre los diferentes tipos de personas que existen

Es posible que desees una persona atlética que disfrute ir al gimnasio y ver partidos los domingos. Es posible que desees un tipo intelectual que pasa el tiempo perdido en un libro en una cafetería. Hay todo tipo de personas por ahí. Va a ser difícil saber cuál es tu tipo hasta que se exponga y pruebe algunas relaciones. El 'tipo' que crees que quieres puede no ser adecuado para ti en absoluto. Sin embargo, no aprenderás hasta que realmente lo pruebes.

#2 Conocerte a ti

Puedes aprender bastante cuando estás involucrado en una relación.

. . .

Es posible que descubras que tienes muchas opiniones o que careces de la capacidad de tomar decisiones por ti mismo si no te gusta la persona que eres cuando estás con alguien más o si quieres descubrir cómo cambiarte a ti mismo para mejor, tener citas por un tiempo puede ser un gran experimento social.

Podría ser una buena idea llevar un diario sobre tus experiencias de citas. Escribe lo que salió mal y por qué las cosas terminaron para que tú puedas saber lo que estás buscando en la próxima persona con la que salgas.

#3 Aprende a amar

Enamorarse puede ser algo divertido. Sin embargo, debes asegurarte de abrirte para el amor. Si eres demasiado cerrado, será difícil dejar entrar a alguien. Aunque puedas encontrar a la persona perfecta en el grupo de citas, ella puede escaparse porque no estás listo.

Las citas te enseñarán más sobre cómo aprender a amar y dejarte amar. No tengas miedo a ser vulnerable con alguien.

#4 Que tus habilidades personales crezcan

. . .

Aprende algunas cosas cuando estás en la fase de citas de una relación. Aprenderás algo nuevo con cada nueva cita a la que vayas.

Puede ser aprender a relajarte, hablar más sobre ti mismo, hablar menos sobre ti o escuchar con un poco más de atención.

Puedes usar algunos escenarios de citas de bajo riesgo para crecer como persona. Ve a algunas citas a ciegas. Deja que tus amigos lo arreglen. Crea un perfil de citas. Diviértete con las citas para que puedas desarrollar tus habilidades. De esta manera, cuando aparezca "el/la indicada", estarás listo para ellos.

#5 Las citas no se tratan de comprometerse demasiado rápido

Salir con alguien no se trata de poner una tirita en un corazón roto o saltar a algo para lo que no estás preparado. Especialmente si has estado en una serie de malas relaciones, no querrás saltar a algo demasiado rápido.

Desafortunadamente, la gente suele decir cosas como: "Bueno, no me estoy volviendo más joven" o "Estoy desperdiciando mis mejores años reproductivos". No dejes que estas excusas se te pasen por la cabeza porque son las razones equivocadas para tener citas e involucrarte en una relación.

No te comprometas demasiado rápido. Permite que una relación sea divertida por un tiempo. Es posible que incluso quieras prometerte a ti mismo que no se pondrá serio durante un cierto período de tiempo.

Te dará la oportunidad de probar las aguas y saber que es seguro alejarte si no te estás divirtiendo o no es la conexión correcta.

#6 Las citas no se tratan de ser infeliz

Las citas son casuales. Hasta que hayas caminado por el pasillo y entregado tu vida a otra persona, es casual. Si no eres feliz cuando sales con alguien, no lo estás haciendo bien. Mucha gente tiene citas porque es divertido, incluso si todavía no quieren tener una relación seria. No hay absolutamente nada de malo en eso.

Asegúrate de estar saliendo para encontrar la alegría. Tan pronto como dejes de estar feliz con las citas, es hora de romper con esa pareja y observar de cerca quién eres, qué quieres y qué necesitas.

. . .

Ahora que sabes lo que son las citas, piensa en su final. Cada uno es diferente, al menos al principio.

- ¿Es para divertirte?
- ¿Es para pasar el tiempo sin estar solo?
- ¿Es para encontrar un marido potencial?

No hay nada de malo en ninguno de los escenarios anteriores cuando se trata de un final. Y es probable que tu final cambie a lo largo de tu vida. Es posible que estés saliendo para divertirte un poco ahora, pero eventualmente estés saliendo hasta la fecha con el fin de encontrar un marido potencial.

Sé honesto contigo mismo y con la pareja con la que estás. No quieres que te engañen y ellos tampoco.

Si no estás enfocado en tu final y no estás alcanzando tu objetivo (como no divertirte), no estás en un buen ambiente de citas. Debes tú mismo evaluar tu atmósfera de vez en cuando.

Si la persona no es adecuada para ti o si el final del juego ha cambiado, debes hacer un movimiento.

Es simplemente justo. Tienes que priorizarte a ti mismo por encima de los demás, de lo contrario no está siendo justo contigo. Necesitas amarte. Ten una cita con un propósito, pero debes saber que tienes la capacidad de dejar esa relación cuando el propósito ya no se cumpla.

Mereces más. Es importante recordar. Después de una serie de malas relaciones, puede parecer que no. Sin embargo, debes amarte antes de poder amar a alguien más. Te mereces lo mejor de la vida. Al concentrarte en tu valor propio, puedes evitar hacer un compromiso de por vida con la persona equivocada.

Si sabes que no estás en una buena relación, te mereces algo mejor. Ahí es cuando quizás tengas que decirte a ti mismo: "Necesito un hombre nuevo".

Una vez que reconozcas esto, puedes trabajar para salir de la mala relación en la que te encuentras. Esto puede tomar algún tiempo, pero vale la pena planificar tu ruta de escape para que puedas seguir adelante con una versión más saludable de ti.

2

¿Con Quién Estás En Una Relación?

Es importante saber con quién estás en una relación. A veces, ni siquiera recuerdas qué te atrajo de esa persona en primer lugar. Pueden haber sido amigos en común, una cita en línea o un encuentro casual. A menudo, estar en una nueva relación puede ser cegador. Estás tan emocionado de estar en una relación con alguien que no sabes lo que realmente está sucediendo.

Cuando tienes la sospecha furtiva de que es posible que no estés en la mejor relación, debes observar más de cerca lo que está sucediendo en la relación. Esto incluye identificar con quién estás en una relación. Claro, sabes su nombre. Sin embargo, ¿cuánto más sabes realmente?

Al observar más de cerca la relación y con quién estás saliendo, puedes descubrir por qué son malos para ti y lo que hay que hacer para terminar la relación.

ESTABLECER EL TIPO DE PERSONA QUE ERES CUANDO ESTÁS EN UNA RELACIÓN

Podrías estar en una relación que no es equilibrada. A lo largo de este libro, vamos a cubrir tres personajes principales:

- El/La narcisista
- El/La aprovechada
- El/La matón/matona

Al echar un vistazo a estos tres, puede ser fácil vivir en la negación de que no es posible que estés saliendo con uno de estos tipos de personas. Sin embargo, hay una razón por la que ya no sientes como si fueran 'el elegido', y es probable que se deba a que, de hecho, son uno de estos personajes.

Al entender más sobre el tipo de persona con la que estás en una relación, verás por qué no es una buena opción para ti. Llegarás a comprender tus motivos para estar en la relación y por qué es mejor para ti seguir adelante, sin importar lo difícil que sea.

Simplemente leyendo una lista de características, puede ser difícil para usted saber con quién está saliendo. Después de todo, es más fácil detectar fallas en la relación de otra persona que en la tuya. Es por eso que vamos a contarle la historia de Adriana y las tres relaciones diferentes en las que ha estado. Es probable que notes situaciones en las que tú y Adriana han estado (no importa si eres hombre o mujer, puede que hayas estado con una persona con las mismas características).

Será una señal reveladora de que no estás en una relación con alguien que te ve como un igual.

Cuando sepas más sobre la persona, podrás descubrir qué es lo que la motiva. Debes saber por qué tiene una relación contigo y cómo te afectará cuando termine. La preparación es clave.

Algunas relaciones serán más fáciles de romper que otras.

Gran parte de esto dependerá del tipo de persona con la que estés, cuánto tiempo se han estado viendo y cuánto están entrelazadas sus vidas.

Dado que todas las relaciones son diferentes, es posible que también descubras que estás en una relación con más de un personaje. Puede ser que estés saliendo con un (una) acosador narcisista o un acosador normal. De cualquier manera, cuanto antes sepas más sobre la persona con la que estás en una relación, más fácil será ver que no es digno de tu amor.

POR QUÉ LAS RELACIONES DEBEN SER MANEJADAS DE MANERA DIFERENTE

Debes asegurarte de abordar la relación con cuidado. De lo contrario, podrías terminar metiéndote en más problemas.

Tampoco querrás sentirte culpable por terminar la relación. Al conocer detenidamente el tipo de relación en la que te encuentras, te asegurarás de que sepa por qué es hora de que termine.

Lo último con lo que quieres lidiar es deslizándote hacia atrás.

Esencialmente, esto significa que tú no quieres llegar a la mitad de la ruptura y sentirte obligado a permanecer en la relación por lo que la otra persona está diciendo o haciendo. Tampoco quieres caer en ninguna de sus historias sobre cómo van a trabajar en las cosas o cómo lo harán mejor. Especialmente si ya les has dado la oportunidad de cambiar, debes hacer lo que sea mejor para ti. Eso significa salir de la relación de una vez por todas.

Cuando rompes con una persona narcisista, es mejor terminarla lo más rápido posible. Estarán bien. Solo necesitarán encontrar a alguien más que los admire. Puede que hayas disfrutado estar con ellos, pero ellos estaban más centrados en ellos mismos que en ti.

Cuando terminas con una persona aprovechada, tiene que ser una ruptura limpia. De lo contrario, será una lista interminable de excusas de por qué necesitan estar contigo. Todo se reduce a su incapacidad para cuidar de sí mismos. No eres su madre y, por lo tanto, no estás obligada a cuidarlos. Date cuenta de esto, recuérdalo y termina con las cosas.

Cuando rompes con un acosador, pierde el control sobre ti. Puede ser necesario tener a alguien más contigo, especialmente si has sido verbal o físicamente abusivo en el pasado. Recuerda por qué estás rompiendo con ellos y mantente fuerte.

Como puedes ver, cada relación necesita un enfoque diferente.

No querrás encontrarte desprevenido para una ruptura.

. . .

Averigua con quién estás saliendo y ocúpate de lo que hay que hacer. Cuando te encuentres fuera de la relación, respira hondo. Te has liberado de una relación enfermiza. Luego puedes concentrarte en cómo elegir una relación más saludable para la próxima vez.

3

Una Persona Narcisista

AHORA ES el momento de que conozcas a Adriana y Oscar. Esta es una oportunidad para detectar algunos de los problemas que tiene Adriana en esta relación y determinar si alguno de ellos refleja los problemas que tienes en tu propia relación. Después de eso, analizaremos la relación un poco más para brindarte información útil.

PERFIL: OSCAR Y ADRIANA

Adriana se acaba de graduar de la universidad con su título de abogada y estaba contenta de estar sola. Una de sus hermanas de la hermandad estaba ansiosa por hacer de casamentera.

Mientras los dos bebían cócteles en un bar cerca del campus universitario, Esther siguió defendiendo su caso. No dejaba de hablar de un chico en particular, que era bien parecido y ambicioso.

"Vamos, déjame ponerte en contacto con él. Él también se acaba de graduar. Estaba en una fraternidad con mi hermano y creo que realmente te gustará", rogó su hermana de la hermandad, Esther. Si había una persona en la que Adriana confiaba más que nadie, era ella. Se conocían desde el primer año.

"Está bien, está bien. Haz que suceda", dijo Adriana. Aunque no estaba muy contenta de tener una cita a ciegas, estaba emocionada de conocer a alguien nuevo. No había tenido muchas citas en la universidad porque quería concentrarse en sus estudios. Ahora que se había graduado, quería empezar a salir un poco más. Además, si Esther dijo que era un buen tipo, debía serlo.

Todo estaba fijado para la fecha. Adriana lo encontraría en un restaurante muy conocido. Llegó unos minutos antes que él y anduvo por el vestíbulo. En el momento en que Oscar entró en el restaurante, supo que le iba a gustar. Era alto, de pelo oscuro y una sonrisa radiante. Él la vio, sonrió y se alisó el pelo hacia atrás. Se presentó y dejó que la anfitriona los llevara a la mesa.

Hubo un silencio un poco incómodo al principio, así que Adriana preguntó: "Entonces, ¿qué estás haciendo ahora que la universidad terminó?".

. . .

Oscar pasó el resto de la noche contándole todo sobre la carrera de modelo que le ofrecieron. Había pasado la última semana en Nueva York en una sesión de fotos con una revista de moda de alta gama.

Oscar dijo que la revista saldría el próximo mes y que se aseguraría de que ella consiguiera una copia. Adriana se río y dijo que sonaba muy divertido.

Después del restaurante, Adriana sugirió ir a la playa, pero Oscar no quería ensuciarse los zapatos con arena. Sugirió dar un paseo por el centro comercial para poder ver algunas de las últimas modas. Le dijo a Adriana que sería genial recibir su opinión sobre lo que ella pensaba que era elegante. Ella estuvo de acuerdo. Encontró a Oscar encantador y disfrutó escuchándolo hablar sobre diseñadores de moda de los que nunca había oído hablar.

Oscar tomó su mano y caminó por el centro comercial con ella. En un momento, se detuvo y deslizó su mano en su cabello, colocándolo detrás de su oreja. Se le puso la piel de gallina cuando lo hizo y le sonrió. Él también le sonrió.

No pasó mucho tiempo después de que los dos se volvieron inseparables.

. . .

"¿Por qué no me acompañas a mi sesión de fotos en Nueva York este fin de semana?" ofreció Oscar. "Me encantaría tener a alguien allí que me apoyara". "Claro, ¿eso estaría bien?" Adriana preguntó, ansiosa por ver a Oscar en acción. "Absolutamente. Esos asistentes hacen todo lo que les pido", dijo Oscar.

Adriana le contó a Esther sobre su viaje a Nueva York. "Mira, te dije que es increíble. Me alegro de que esté funcionando para ustedes dos". Adriana también estaba feliz por las cosas. Su amiga también estaba feliz de ser una casamentera exitosa.

Cuando Adriana llegó al aeropuerto de Nueva York, esperó a Oscar en la terminal de equipajes. Ella le envió un mensaje de texto, preguntándose dónde estaba. No hubo respuesta. Finalmente, ella lo llamó. "¿Oye dónde estás?"

"Rayos" dijo Oscar. "No me di cuenta de que habías aterrizado. Estoy en medio de una sesión, así que enviaré un asistente al set por ti". Antes de que Adriana pudiera hacer alguna pregunta, colgó.

"Está bien, eso no es problema", se dijo Adriana. Era una chica de un pueblo pequeño y no había nada de pueblo pequeño en la ciudad de Nueva York.

. . .

Llevó su maleta a los bancos a lo largo de la pared y se sentó. Aproximadamente una hora después, llegó una señorita de cabello café llegó con Adriana "Hola, umm, ¿eres Adriana?" Era el asistente que Oscar había enviado a buscar a Adriana y llevarla a la sesión.

"Esa soy yo", dijo Adriana, agarrando su maleta y siguiendo a la chica. El viaje al set fue en silencio, con Adriana sin saber qué hacer o decir al asistente o sobre Oscar.

Oscar hizo un gran alboroto cuando ella llegó, disculpándose por no estar allí. La llevó a conocer a todos los fotógrafos y asistentes. Para cuando terminó de presentarla a todos, casi se le habían olvidado los nombres de todos. "¿Estás bien aquí por un tiempo, nena?" Oscar preguntó. Adriana asintió y le dijo "Ve, sé fabuloso", y sonrió. Oscar le devolvió la sonrisa y le dio un pulgar hacia arriba. Ella se quedó sentada allí y animándolo durante más de dos horas. De vez en cuando, él la miraba y le daba otro pulgar hacia arriba. Ella se lo devolvió, haciéndole saber que estaba bien y que podía continuar.

Una vez que terminó, la levantó en brazos y le dio un beso frente a todo el personal. Ella se alejó un poco, pero a él no le importó. Quería que todos supieran que ella era su chica.

. . .

Oscar chasqueó los dedos a uno de los asistentes. "Hiciste esa reserva que te dije, ¿verdad?" El asistente parpadeó por un segundo. "Yo, bueno, estaban reservados para esta noche. Dijeron que serían reservados dentro de tres meses. Hice una reserva en un lugar diferente que te va a encantar".

Oscar puso los ojos en blanco y miró a Adriana. "Lo siento mucho, es muy difícil encontrar buena ayuda por aquí". Lo dijo lo suficientemente alto para que el asistente escuchara cada palabra. Adriana negó con la cabeza. "Estoy segura de que donde sea que vayamos será genial". Ella dirigió su atención al asistente. "Gracias por hacer la reserva. Apuesto a que el lugar que elegiste es increíble".

Oscar no le dijo nada más al asistente. Más bien, agarró la mano de Adriana, saludó al fotógrafo y caminó hacia el ascensor. "Estoy muy contento de haber terminado el día. Mañana es una sesión nocturna, así que tenemos toda la noche y la mayor parte del día para visitar algunos lugares turísticos. Hay algunos lugares que quiero que conozcas".

"Eso suena genial. Yo también quería ver algunos lugares", dijo Adriana, emocionada de que finalmente estaba en la ciudad de Nueva York.

"Por supuesto, nunca has estado en la ciudad de Nueva York.

. . .

Es bueno que estés saliendo conmigo. Me aseguraré de que veas más del mundo. El restaurante es uno de esos lugares que está lleno de celebridades, así que eso debería ser emocionante", dijo Oscar. "No puedo esperar" y Adriana tampoco podía.

Nunca antes había salido con alguien como Oscar. Era guapo, ambicioso y siempre estaba dispuesto a mimarla con regalos y cenas caras.

Unos días después, Adriana voló de regreso a casa. Oscar regresaría en unos días más. Dijo que tenía grandes planes para los dos. Adriana no podía esperar a saber qué iba a ser, pero prometió que sería paciente.

Oscar estaba haciendo un gran escándalo por algo. Llamó a todos sus amigos y les dijo que los vería a todos en un restaurante. Estaba listo para hacer un anuncio. "No crees que va a hacer la gran pregunta, ¿verdad?", preguntó uno de los amigos de Adriana. "No puedo imaginar que él haría eso. Es demasiado temprano en nuestra relación", dijo Adriana. Sin embargo, si él le hiciera la pregunta, Adriana estaba repasando lo que realmente diría. Mientras repasaba los escenarios en su cabeza sobre de qué podría tratarse, ella decidió que, si él preguntaba, ella diría que sí.

. . .

"¿Qué podría ser, entonces?", preguntó su amiga. Adriana se encogió de hombros. Estaba emocionada de saber qué sería, fuera lo que fuera. Esa noche en el restaurante, apareció Oscar en una limusina. Salió y se dirigió al frente de la multitud.

"¿Dónde está mi chica? Adriana, ven aquí". Ella se sonrojó, pero se dirigió al frente. Oscar les agradeció a todos por venir.

"Entonces, supongo que todos quieren saber cuál es la gran noticia, ¿eh?" Todos asentaron. "Me voy a Los Ángeles la próxima semana. ¡Tengo un papel en una película!"

Todos aplaudieron de nuevo. Adriana podía sentir su ceño fruncido. ¿Por qué no se lo habría dicho a ella primero? ¿Por qué necesitaba hacer tal escándalo de un simple papel? Ella apartó sus pensamientos, sabiendo que él estaba emocionado de ir a Hollywood. Estaba segura de que, si hubiera conseguido un papel para una película, también les daría mucha importancia a las cosas.

Todos se acercaron a felicitarlo. Ella le dio un beso en la mejilla y se acercó a sus amigos. Algunos de ellos estaban sacudiendo la cabeza hacia ella.

"Entonces, no hay anillo", dijo uno de sus amigos. Su decepción fue clara. "Sin anillo", confirmó Adriana. "Pero yo tampoco esperaba uno". Ella realmente no estaba lista para comprometerse todavía. Tal vez en el futuro, pero definitivamente no ahora. No estaba del todo convencida de que él fuera de los que se casan, pero tenían mucho tiempo para descubrir esas cosas.

Más tarde esa noche, Adriana estaba en la casa de Oscar. "No puedo creer que te dirijas a Los Ángeles la próxima semana".

"Lo sé, es una locura, ¿verdad?" Oscar continuó explicando que alguien había compartido algunas de las fotos de la sesión de fotos con un director de casting que conocían y, como dicen, el resto fue historia.

"¿Significa esto que no nos vamos a ver mucho por un tiempo?" preguntó Adriana. No quería perder a su hombre, especialmente ahora que iba a empezar a hacerse famoso.

"Estaré allí durante unos tres meses. Me están instalando un tráiler en el set. Una vez que me instale, te llevaré en avión durante una semana. ¿Qué te parece?" "Eso sería increíble", sonrió Molly. Estaba encantada de que alguno de sus novios estuviera dispuesto a gastar esa cantidad de dinero.

Todos sus novios anteriores estaban en la escuela secundaria y apenas tenían suficiente dinero para pagar una salida al cine. Volar a Los Ángeles, y nada menos que a un set de filmación, era increíble.

"Entonces está listo. Después de todo, necesito tener a mi mayor admiradora en el set conmigo", dijo Oscar. "Tal vez puedas crear un sitio de fans para mí". Ella río. Sin embargo, él estaba más serio de lo que ella pensaba en ese momento.

Adriana no podía creer que Oscar tuviera tanta suerte en su carrera. Se graduó al mismo tiempo que él, pero no tuvo tanto éxito. Estaba disfrutando el verano y pronto comenzaría una pasantía en un bufete de abogados. Oscar todavía no le había preguntado nada de eso, por lo que estaba ansiosa por compartir sus planes. Después de todo, empezaría a trabajar en el bufete de abogados en menos de seis semanas.

El tiempo pareció pasar volando y antes de darse cuenta, estaba tomando un avión a Los Ángeles. Para evitar un problema como la última vez que voló para encontrarse con Oscar, decidió tomar un taxi. Se ofreció a pagarlo, pero ella no quería que él pensara que estaba demasiado necesitada.

Después de todo, buscaba una pareja igualitaria y no quería ser un peso muerto.

. . .

Su nombre estaba en la lista de seguridad.

El taxi la dejó en la puerta y un tipo de seguridad cuya etiqueta con el nombre decía "Jorge" la condujo hasta el set en un carrito de golf.

Jorge le estaba contando todo sobre la película y lo emocionante que era. Fue un tipo de película con muchos explosivos y efectos especiales. No era realmente su tipo de película, pero hizo todo lo posible para fingir entusiasmo. Se detuvo en la parte trasera del set. "Ya llegamos, cariño". "Gracias, Jorge" Así de simple, Adriana se quedó sola para tratar de encontrar a Oscar.

Un asistente de producción se le acercó para preguntarle quién era y por qué estaba allí. "Estoy aquí para ver a Oscar".

"Oh, es tan buen actor. Un poco presumido, pero le está yendo bien por aquí. Sígueme".

Adriana se preguntó qué querían decir con ser presumido, pero decidió ignorarlo. Estaba en Hollywood y todo a su alrededor era tan emocionante.

. . .

Tan pronto como escuchó, "Eso es un final", comenzó a buscar a Oscar. Varias personas salieron del set y su corazón dio un vuelco cuando notó algunas celebridades de alto perfil.

"¡Adriana, mi niña!" gritó, haciendo que la mitad del estudio se girara y la mirara. Ella saludó torpemente y caminó hacia él. "¿Cómo estás?"

Antes de que Adriana pudiera responder, él tenía su mano en la suya y prácticamente la estaba arrastrando por todo el set, explicando qué hacían las diferentes cosas y quiénes eran las diferentes personas.

"¿Puedes dejar de presentarme como tu mayor fan? Es vergonzoso". Adriana dijo después de estar siendo presentada de esa manera por quinta vez consecutiva. "Solo estoy bromeando contigo. Relájate. Además, todos saben que eres mi novia. Eres como yo soy y la gente sexy está destinada a estar juntos", se rió entre dientes.

Adriana sonrió, feliz de que él notara que era atractiva. "Entonces, ¿cuál es el plan esta noche?" ella preguntó, buscando aligerar el estado de ánimo.

. . .

"Necesito tu ayuda para ejecutar las líneas en mi tráiler. Luego está la apertura de un nuevo club para el que nos anotó en la lista. Mi agente dijo que debería estar allí para ayudar a mi imagen, pero tengo que hacer algo para conseguir ropa sexy para ti", explicó James.

Adriana se miró a sí misma. "¿Qué ocurre con mi ropa?"

"Simplemente no son de Hollywood. No te preocupes por eso.

Estamos de descanso por el resto del día, así que podemos ir de compras. Hay un estilista en una tienda cercana que te cuidará. Mi agente me envió allí el primer día que llegué. Y ahora mírame", dijo James.

Adriana asintió. "Está bien, bueno, supongo que podría ser divertido. Aparentemente, tengo que lucir bien para ser la novia de una estrella de cine". Ella estaba alimentando su ego, que sabía que le gustaba.

"Así es. Estás saliendo con una estrella de cine. Espera a que caminemos juntos por la alfombra roja", dijo Oscar.

. . .

Adriana no había pensado en la alfombra roja hasta que Oscar la mencionó. No sabía qué tan grande era su papel, pero si fuera un éxito de taquilla de Hollywood, probablemente habría una caminata por la alfombra roja. Era algo emocionante.

Un asistente de producción pasó y Oscar chasqueó los dedos.

El asistente se detuvo y lo miró. "¿Cómo se llama esa tienda a la que Carlos envía a todos?"

El asistente dijo el nombre y siguió caminando. Oscar puso los ojos en blanco. "Ese tipo siempre es tan grosero".

Adriana señaló que James fue quien le gritó. "Está acostumbrado a eso. Es solo un asistente de producción". Adriana negó con la cabeza y caminó con Oscar hasta el frente del estudio para esperar un taxi.

Después de una noche de compras y filas para correr, Adriana y Oscar se fueron a la gran inauguración de un nuevo club. El vestido de Adriana era demasiado corto y sus tacones demasiado altos, pero Oscar pensó que se veía "sexy en Los Ángeles", como si se supusiera que eso iba a hacer que todo estuviera bien.

. . .

Oscar se identificó con su nombre y fue conducido al club. El guardia de seguridad extendió su mano para detener a Adriana "Lo siento, no hay más uno."

"¿Qué?" preguntó Oscar. "Me dijeron que habría un más uno.

Esto es inaceptable" El guardia de seguridad se encogió de hombros. No sabía quién era Oscar, lo que solo hizo que Oscar se sintiera más molesto por la situación.

Adriana se tambaleó sobre sus talones, incómoda de estar de pie fuera del club. Ella no quería estar allí, pero estaba feliz de hacerlo por Oscar. Además, ella realmente quería saber acerca de este club y presumir ante sus amigos el haber podido ir.

"Está bien, bueno, necesito que esperes aquí. Llamaré a mi agente para que arregle esto, pero necesito entrar. Me están esperando", dijo Oscar.

Antes de que Adriana pudiera discutir, él ya estaba dentro del club. Adriana sonrió al guardia de seguridad que la miró, puso los ojos en blanco y sacudió la cabeza. Adriana se hizo a un lado con el ceño fruncido mientras él comenzaba a marcar a otras personas en la lista y les dejaba entrar al club.

Después de esperar una hora afuera, Adriana envió un mensaje de texto.

"Solo unos minutos más", fue la única respuesta que obtuvo de Oscar.

Otra hora y Adriana estaba enojada. Estaba cansada y frustrada por las miradas sucias de los guardias de seguridad. Ni siquiera tenía una habitación de hotel porque se alojaba en la caravana de Oscar. Llamó a un taxi y se dirigió a un restaurante para comer algo. Luego le envió un mensaje de texto a Oscar para hacerle saber dónde estaba.

Pasó otra hora completa antes de que ella supiera de él. Primero, era un mensaje de texto para decirle que se quedara donde estaba. Luego apareció en el restaurante. "¿Cómo pudiste irte?" Él entró en el restaurante, gritando desde la puerta principal.

El restaurante no estaba tan ocupado, pero definitivamente las cabezas estaban girando. "Fue más de una hora", dijo Adriana en su defensa. Lo dijo en voz baja, mirando alrededor del restaurante. No quería que esto se convirtiera en un problema mayor de lo necesario.

"Tengo una reputación que proteger. ¿Cómo crees que se ve que mi cita acaba de irse? Tuve que dejar ir esta gran oportunidad para perseguirte y no quedar como un mal novio. ¿Sabes qué clase de oportunidad social me acabas de costar? Eres tan insensible a veces".

Adriana se sentó allí en la cabina del restaurante con la boca abierta. ¿Cómo podía decirle eso a ella? Debió haber visto su rostro y la escena que estaba causando. Saludó a un par de personas como para espantarlas. Se sentó a su lado, la abrazó y le susurró al oído. "Regresemos a mi tráiler. Creo que estamos simplemente abrumados por lo que está sucediendo".

Adriana asintió y pagó su cuenta. Oscar se alegró de estar fuera del restaurante para evitar cualquier tipo de escena. Todavía no era conocido en Hollywood, pero sabía que era solo cuestión de tiempo antes de que aparecieran los paparazzi. Escenas como la de esta noche no podían volver a suceder, y él se encargaría de que no sucediera.

"¿Crees que podamos probar otro club mañana?" preguntó Oscar, una vez que estuvieron de vuelta en el tráiler.

. . .

Adriana dejó escapar un suspiro. "¿Estaré en la lista esta vez?" Estaba herida y molesta porque él no se había molestado en comprobarlo la última vez. Si él iba a insistir en que ella estuviera a su lado, no quería volver a vestirse para nada. Especialmente porque tenía que usar "ropa sexy de Los Ángeles", y quería que fuera por algo.

"Lo prometo", dijo James. "Necesito un lugar más y mi manager lo sabe. En este momento, eres buena para mi imagen". Él sonrió y envolvió su brazo alrededor de ella como si no hubiera dicho nada malo.

"¿Ahora mismo?" preguntó Molly, esperando que él no fuera a dejarla cuando él se volviera famoso.

"Eso no es lo que quise decir. Sabes lo que quiero decir", dijo Oscar, agitando la mano. Sabía que ella era bonita e inteligente. También sabía que necesitaba tener una novia a su lado por un tiempo porque eso es lo que su manager le dijo que hiciera.

Fiel a su palabra, Oscar se aseguró de que Adriana estuviera en la lista la noche siguiente en el club.

"Oh, ¿estás con alguien más esta noche?" le preguntó un reportero a Oscar mientras entraban al club.

. . .

Oscar se congeló por un momento. Adriana lo miró y volvió a mirar al reportero.

El reportero vio lo que estaba pasando y siguió adelante. "Esta morena no fue tu cita ayer. Anoche estuviste bailando durante horas con una rubia tetona".

"Ella era solo una niña", dijo James, tratando de descartar el tema.

"¿Y esta es tu novia?" preguntó el reportero. "Una amiga cercana", dijo Oscar y se abrió paso hasta el club.

"¿Estabas bailando con otra chica anoche? ¿Es por eso que nunca viniste a buscarme?" preguntó Adriana.

"Oh, detente. Tengo que montar un espectáculo. Ahora soy una celebridad y tienes que respetar eso", dijo Oscar. Ni siquiera trató de explicar nada. Simplemente le estaba diciendo a ella cómo iba a ser a partir de entonces.

Adriana tenía que tomar una gran decisión, pero no quería hacerlo. Estaba empezando a enamorarse de Oscar, aunque el que él hubiera estado con otra chica en el club, mientras ella esperaba afuera, no fuera nada bueno.

Oscar mencionó que quería llevarla en avión nuevamente alrededor de la primera semana de septiembre. Adriana le contó sobre la pasantía de derecho que estaba comenzando. Él frunció el ceño y dijo que no entendía cómo ella podía hacerle eso.

"¿De qué estás hablando? Yo también tengo una carrera", explicó. Oscar no parecía querer oír hablar de eso. Se sintió mal por haberlo defraudado. Ella dijo que vería lo que podía hacer. Así lo dejaron cuando ella se fue para volar de regreso a casa.

Cuando ella estaba hablando con sus amigos sobre el viaje, la miraban como si estuviera loca. "Tú no puedes dejar tus sueños de ser abogada."

"Bueno, Oscar me necesita ahora mismo", les explicó ella. Entendió que Oscar estaba solo en una ciudad nueva y tener a alguien a su lado lo ayudaba a superar todo. "Él te está usando. Todo lo que eres es un caramelo para él", explicó uno de sus amigos. Algunos de sus otros amigos compartieron pensamientos similares sobre la relación.

. . .

Adriana negó con la cabeza. "Te equivocas. Él siempre ha sido extremadamente generoso conmigo".

Fue entonces cuando Adriana se dio cuenta de que podría no tener todo lo que quería. Tenía que decidir si iba a sacrificar su carrera para estar con Oscar.

Eso es lo que se necesitaría para estar con él. La necesitaba allí en Los Ángeles. Su trayectoria profesional requería que aceptara la pasantía que su hermandad le había ayudado a conseguir. Estaba en una posición incómoda.

Adriana había llegado a una encrucijada en su relación. Ella ya sabía que él no era el indicado para ella. Ella nunca llegó primero. La única razón por la que él parecía querer salir con ella era que ella era una buena golosina para sus brazos. No se tomó el tiempo para saber quién era ella o qué quería en el mundo. Por eso le sorprendió tanto que ella no pudiera volar a Los Ángeles en septiembre. Había asumido que ella estaría allí a su entera disposición en lugar de preguntarle sobre su vida.

Si se hubiera tomado el tiempo de conocerla, habría sabido sobre la pasantía y lo importante que era para ella.

Desafortunadamente, la decisión de romper con él fue más difícil para Adriana que para Oscar. Tenía miedo de renunciar a una relación que realmente podría ser algo. Le gustaba la fantasía que pintaba para ella, especialmente cuando él estaba en una película.

Al final, Adriana escuchó a sus amigos. Ella escuchó a su corazón. Llamó a Oscar y rompió con él por teléfono ya que él todavía estaba en Los Ángeles y ella estaba de vuelta en casa.

"Tenemos que hablar", explicó ella cuando levantó el teléfono. "Claro, ¿de qué?" preguntó.
Ella sabía que no había una manera fácil de hacer esto. "No creo que debamos vernos más". Antes de que tuviera la oportunidad de entrar en detalles, él la interrumpió.

"¿Estás rompiendo conmigo?" preguntó Oscar, sonando sorprendido. Claramente él nunca había sido una persona con la que rompieran. Sin embargo, no fue impactante. Probablemente fue un rompecorazones durante toda la universidad.

"Creo que es lo mejor para los dos", trató de explicar Adriana. Estás del otro lado del país".

"No sabes a lo que estás renunciando". dijo Oscar y colgó. No intentó luchar por ella ni convencerla de que se quedara. En cambio, pensó que, dado que era una estrella de cine prometedora, podría encontrar a alguien más en poco tiempo.

Adriana se quedó con la boca abierta. Quería un poco más de cierre que el que Oscar le había dado. Desafortunadamente, eso no iba a suceder. Estaba sorprendida de que Oscar fuera tan infantil, colgándole.

Después de unos meses de no hablar con él ni escuchar nada sobre él, se enteró de que su película había sido estrenada.

Desafortunadamente, el director lo había eliminado de las escenas en las que aparecía, por lo que nunca tuvo su momento en la pantalla grande.
De alguna manera, esto hizo que ella se emocionara más de lo que posiblemente podría admitir.

COMENTARIOS DE LA RELACIÓN

Oscar era un narcisista. A menudo, a Adriana le resultaba difícil darse cuenta de lo que realmente era porque era un buen tipo "la mayor parte del tiempo". Este es a menudo el problema con las personalidades narcisistas. Son personas egocéntricas y necesitan que todos los prioricen; sin embargo, no son necesariamente idiotas en el sentido común de la palabra. Oscar amaba a Adriana a su manera, por eso la llevó en avión a Nueva York y Los Ángeles. Él pagó las cosas como un buen gesto a cambio de que ella estuviera a su entera disposición. Eso lo hizo quedar bien, así que cubrió los costos.

El mayor problema en la relación era que la única persona que Oscar haría el número uno era él mismo. Adriana nunca iba a ser colocada en un pedestal porque no había lugar para ella al lado del ego de Oscar. Adriana habría tenido que perderse a sí misma para poder estar con Oscar. Ella tenía una personalidad lo suficientemente fuerte como para darse cuenta de eso. No estaba lista para sacrificar quién era solo para estar con él.

Hubo muchos escenarios a lo largo de la historia en los que Oscar mostró sus verdaderos colores. El primer encuentro con Adriana en el restaurante giró únicamente en torno a él. Habló sobre todo lo que estaba haciendo con su carrera como modelo. Si bien ella lo encontró interesante, él no preguntó nada sobre ella y sus planes.

En futuras relaciones, ella podría usar esto como una forma de detectar a un narcisista desde el principio.

Esencialmente, si estás en una relación con alguien y nunca preguntan por ti, tu día o tus esperanzas y sueños, no significa que no te importe. Simplemente significa que no es algo en lo que piensen porque están concentrados en sí mismos.

. . .

Hay otras situaciones en las que Oscar también dejó brillar sus verdaderos colores:

- Presentando a Molly a todos para que el centro de atención estuviera sobre él.
- Haciendo una gran espectáculo sobre su contrato de película frente a sus amigos y los de ella.
- Identificarla como su "mayor admiradora".
- Esperar que ella lo espere mientras él entró en el club.
- Poner celosa a Molly con otra chica en el club.
- Esperar a que ella dejara todo por estar con él en Los Ángeles.

Cuando Adriana dejó el club para ir al restaurante, Oscar tuvo que dejar de ser el centro de atención. Estaba atrapado entre hacer lo correcto y obtener su momento siendo el centro de atención. Si bien eligió hacer lo correcto al ir con ella, entró en una rabia narcisista en el proceso. Entrar a un restaurante gritándole no es un comportamiento normal. Estaba avergonzado por eso y él realmente no se disculpó por sus acciones.

Las relaciones normales tienen que ver con el equilibrio. Habrá momentos en los que alguien en la relación esté teniendo un buen día, ya sea por un ascenso o por algo más. Es responsabilidad de la otra persona demostrar que le importa.

. . .

Sin embargo, va en ambos sentidos. La persona que está arriba en el mundo de hoy debe estar lista para apoyar a su pareja cuando los roles se inviertan.

Adriana nunca sería una prioridad. No estaba en una relación con alguien que estuviera listo para apoyarla en los altibajos. Si Adriana hubiera continuado la relación con Oscar, habría tenido que hacer algunas preguntas serias antes de casarse con él. Imagínese cómo se vería la boda, probablemente él sería el centro de atención y decidiría quién asistiría y qué ropa usaría.

Esto no se debe a que Oscar no quisiera que Adriana tuviera la boda perfecta, sino que necesitaría controlar cómo se vería para él. Él necesitaría estar seguro que la boda fuera adecuada para él y su imagen que estaba tan desesperado por proteger.

Los niños probablemente también serían difíciles con un narcisista como Oscar. Tendrían que aprender a desempeñar sus "roles" como los niños perfectos. Serían celebrados cuando actuaran como necesitaban en lugar de por sus propias victorias. Esto dificulta que los hijos de narcisistas crezcan con una perspectiva equilibrada de la vida porque no saben cómo hacer cosas que los hagan felices.

. . .

Ahora que Adriana ha salido con un narcisista, sabrás cómo identificar a uno en el futuro. Buscarás pistas como por ejemplo si preguntan por ti, cómo te presentan a tus amigos y cómo responden a las cosas que suceden en tu vida.

A menos que un narcisista obtenga la terapia profesional que necesita, es difícil para esa persona estar en una relación porque no hay un equilibrio saludable.

Cuando una persona está saliendo con un narcisista, debes buscar de cerca las señales. A veces no son tan obvias como uno cree que deberían ser. Por eso es tan difícil salir de una mala relación. Asumes que estás en una relación con un buen tipo. Te vuelves ciego a los problemas porque te gusta y no quieres alejarte del estatus social. Sin embargo, los narcisistas nunca te van a poner primero. Puedes terminar perdiéndote a ti mismo para hacer feliz a esa persona.

4

Una Persona Aprovechada

ADRIANA AHORA ESTÁ en una nueva relación. Descubre cómo se conocieron Adriana y Jorge y cómo funciona su relación para identificar los diversos defectos. Puedes notar que hay problemas similares dentro de tu relación actual. Después de la historia, repasaremos la relación para proporcionar un poco más de información que puede ser beneficiosa.

PERFIL: JORGE Y ADRIANA

Adriana y algunos de sus amigos del bufete de abogados en el que estaba haciendo una pasantía iban a un bar local casi todos los viernes por la noche. Era su forma de desahogarse mientras se divertían. Adriana no pudo evitar fijarse en un hombre alto y rubio que era camarero. Coqueteaba un poco con ella cuando le dejaba las bebidas. Se presentó como Jorge.

. . .

Cada vez que ella entraba, él se aseguraba de estar en su sección.

Cada semana, esto continuaba. La sonrisa de Jorge la mareaba. Finalmente se armó de valor para pedirle su número de teléfono. Sus amigos la instaron a buscar al cantinero para averiguar cómo era. No era un narcisista. Ya que eso era algo que ella ya podía ver. Decidió dejar de lado la precaución un viernes por la noche y tecleó su nombre y número en el teléfono de Jorge.

Fiel a su palabra, envió un mensaje de texto al día siguiente.

"¿Estás libre para cenar esta noche?"

Adriana no pudo evitar sonreír ante la idea de salir con el apuesto cantinero. "Está bien".

Él no tenía auto, así que preguntó si podían reunirse en un restaurante local. Ella estuvo de acuerdo y él le envió un mensaje de texto con la dirección del lugar por si acaso.

. . .

Cuando llegó en el taxi, Jorge ya estaba afuera del restaurante. "Hola," ella le sonrió. Él le devolvió la sonrisa. "Te ves genial."

"Gracias", dijo y siguió hasta la puerta que él mantuvo abierta para ella.

El restaurante no era nada especial, pero estaba ocupado.

"Tenemos reservas", dijo Jorge, acercándose a la tribuna del anfitrión. Pasaron solo unos minutos antes de que siguieran al servidor a una mesa.

"¿Has estado aquí antes?" Jorge preguntó, después de que el mesero pasará a tomar su orden de bebidas. Ella negó con la cabeza. "Todavía no. Pero ha estado en mi lista. ¿Qué hay de bueno aquí?"

Jorge recomendó las hamburguesas. Una vez que el servidor regresó, eso es lo que ambos pidieron. Luego hablaron de todas las razones por las que amaban la ciudad. Les encantaban los inviernos fríos y poder ir a cualquier lugar para observar a la gente. Adriana se sorprendió al saber que tenían tanto en común.

· · ·

"¿Cuánto tiempo llevas trabajando en el bar?" preguntó Adriana.

Jorge le dio un mordisco a su hamburguesa al mismo tiempo que ella preguntó y ambos se rieron. Levantó un dedo para decirle que esperara un minuto. "Alrededor de tres meses. Me gusta estar allí, pero lo que realmente quiero hacer es dedicarme a mi arte".

"¿Eres un artista?" preguntó ella. Jorge asintió. "Trabajo con óleos sobre lienzo. Un amigo mío es dueño de una galería a unas pocas cuadras de distancia y me dijo que una vez que tenga suficientes piezas me dejará tener una exhibición allí". "Eso es asombroso", dijo ella.

"¿Qué hay de ti? Veo que llegas con tus amigos bien vestidos todas las semanas", comentó Jorge.

Adriana se rió. "Sí, es mucho trabajo. Estoy haciendo una pasantía en una oficina de abogados. Hace aproximadamente un año, me gradué. Ahora tengo que hacer una pasantía como una forma de demostrar que sé de lo que hablo mientras trabajo para tomar mi examen de abogacía".

"Vaya, eres muy inteligente", sonrió Jorge.

. . .

La conversación fue fácil entre ellos durante toda la cena. El mesero dejó la cuenta y Jorge la tomó de inmediato. Metió la mano en el bolsillo trasero y luego miró a Adriana.

"Esto es realmente vergonzoso, pero olvidé mi billetera", dijo Jorge.

Ella le dijo que no había problema y cubrió la cuenta para los dos. Jorge prometió devolverle el dinero. Para Adriana, no fue gran cosa. Ella quería una relación que fuera pareja. Ella no esperaba que todos los hombres le compraran cada comida. Ella estaba feliz de hacerlo y le dijo que la próxima cena correría por su cuenta.

Solo que no lo fue. Los dos estaban ansiosos por tener otra cita e hicieron planes para la semana siguiente. Ella debió haber sabido que algo estaba pasando cuando él no estaba en el bar cuando entró con sus amigos. Pensó que le preguntaría al respecto el sábado cuando tuvieran planes de ir a otro restaurante al otro lado de la ciudad.

"Me despidieron", explicó Jorge. Aparentemente había demasiados cantineros en el bar y el lugar no estaba tan ocupado como solía estar. Fue uno de los más recientes en ser contratado, por lo que tenía sentido que fuera uno de los primeros en ser despedido.

. . .

"¿Qué vas a hacer ahora?" preguntó ella.

Jorge realmente no parecía tener una respuesta. Dijo que encontraría otro restaurante para atender el bar. Se estaba quedando en la casa de un amigo, así que mientras tuviera el alquiler a fin de mes, no estaba demasiado preocupado. Sin embargo, también significaba que no tenía suficiente dinero para cubrir la cena.

Adriana estaba un poco molesta porque no sabía esto antes de la cita. Si bien tenía el dinero para pagar la cita, no quería ser la que pagara todo el tiempo.

Ella habría sugerido que hicieran otra cosa, como quizás ir a su apartamento donde podría haber cocinado. Ella le dijo que no le importaba y él se lo agradeció con esa sonrisa que le derritió el corazón.

Después de la cena, los dos dieron un paseo por la ciudad. Era luna llena, y comentaron lo hermoso que era. Entonces Jorge le dijo a Adriana lo hermosa que era. Aprovechó esa oportunidad para besarla por primera vez. Ella admitió ante sus amigos al día siguiente que el beso la hizo desmayarse.

"Es muy guapo", comentó un amigo. Sus otros amigos intervinieron para estar de acuerdo. Adriana sonrió, sabiendo que tenía un chico que era amable, se preocupaba por sus pensamientos y opiniones, y ponía un poco celosas a sus amigas porque era muy guapo.

Muy pronto, Jorge y Adriana habían estado saliendo durante casi tres meses. Jorge, fiel a su palabra, encontró otro restaurante para ser camarero. Había invitado algunas cenas a las que fue con Adriana, para devolver todas las que ella había comprado. Esto ayudó a equilibrar las cosas para ella.

Ella también vio su arte. Él se aseguró de llevarla a la casa de su amigo, donde todavía estaba durmiendo. El arte era creativo, pero en realidad no era algo que ella entendiera. Para ella, parecía un montón de pintura salpicada en el lienzo. Sin embargo, ella sonrió y lo apoyó. No era una crítica de arte, así que no tenía idea de si era bueno o no.

Adriana le preguntó a Jorge varias veces si tenía planes de conseguir un lugar propio. "Sí, quiero decir, en algún momento. A mi amigo no le importa que me quede en su casa. Recibe ayuda con el dinero del alquiler y yo consigo un lugar para quedarme".

"¿No quieres más privacidad?" ella preguntó. Le encantaba tener su propio apartamento por la privacidad que ofrecía. No podía imaginar quedarse en el departamento de alguien, incluso si fuera un amigo. Supuso que duraría unos días como máximo, pero no semanas.

Jorge se encogió de hombros. "Supongo que no es gran cosa. Además, cuando queremos privacidad, simplemente vamos a tu casa", sonrió.

Adriana supuso que eso era cierto. Entendió que todos eran diferentes y eso era lo que hacía posible tener buenas relaciones. La química entre ella y Jorge era innegable. Sus amigos comentaron sobre eso en más de una ocasión. Jorge siempre le sonreía, incluso cuando creía que no estaba mirando. Sus amigas dijeron que querían un chico que las mirara como él miraba a Adriana.

Un fin de semana, Adriana estaba emocionada de estar libre.

Esto parecía ser como el fin de semana más largo de la historia.

También estaba contenta de reunirse con Jorge. Él estaba en camino y ella iba a cocinar para él por primera vez.

. . .

Cuando apareció, tenía algunas maletas con él. Las cejas de Adriana se arquearon mientras lo miraba. Jorge frunció el ceño. "¿Qué está sucediendo?" preguntó ella. "Mi amigo me echó porque no le pude pagar el alquiler completo que le debía. Y acabo de perder mi trabajo", explicó Jorge.

Fue el turno de Adriana de fruncir el ceño. "Bueno, adelante. Entonces, ¿cómo perdiste tu trabajo esta vez?"

Jorge se encogió de hombros. "No lo sé. El gerente siguió recortando mis horas. Cuando le pregunté sobre eso hoy, me despidió por completo". Movió sus maletas a la sala de estar y la miró "Esperaba poder quedarme aquí como una semana hasta que pueda volver a ponerme de pie".

Adriana respiró hondo. solo habían estado saliendo durante unos tres meses. Mudarse juntos fue un gran paso, pero tampoco quería dejarlo en la calle.

Jorge podía sentir su vacilación. "Te prometo que será por una semana, dos semanas como máximo".

Adriana asintió. "Está bien, dos semanas como máximo".

. . .

Luego murmuró algo acerca de esperar que sus padres no se enteraran de que ella vivía con un chico.

Los dos pasaron un buen rato durante el resto de la noche.

Hizo espaguetis y albóndigas y puso a Jorge a cargo de algunas cosas diferentes. Tuvo que abrir la botella de vino y poner la mesa. Se quedó en la cocina, revolviendo la salsa marinara y escurriendo la pasta.

"Estas podrían ser las mejores albóndigas de la historia", comentó Jorge. Ella sonrió. Los hice yo misma.

Él continuó felicitándola por su forma de cocinar. Después de acurrucarse en el sofá para ver una película, era hora de irse a la cama.

Fue entonces cuando Adriana se dio cuenta de que las cosas estaban a punto de ponerse incómodas. Normalmente lo que hacía era darle un beso de buenas noches y se iría a casa. Sin embargo, este también era ahora su hogar. Al menos temporalmente, pensó. Metió la mano en el cajón de trastos de la cocina para sacar una llave de repuesto para él también.

. . .

Se prepararon para acostarse, se cepillaron los dientes uno al lado del otro y se metieron en la cama. Jorge se dio la vuelta y le dio a Adriana un beso en la mejilla antes de rodar hacia su lado de la cama.

Adriana yacía despierta durante unos minutos, deleitándose con la sensación. Le gustaba tener a alguien que le diera un beso de buenas noches. Era un poco extraño y le costaría acostumbrarse, pero de hecho disfrutaba tener a Jorge con ella.

A la mañana siguiente, les dijo a sus amigos en el trabajo sobre lo que había ocurrido. "¿Le dejaste mudarse contigo?" un amigo preguntó. "Temporalmente. No es gran cosa", explicó ella.

"Es un gran problema. Tienes que asegurarte de que no se aproveche de ti. Tuve un primo que dejó que un niño se mudara por un tiempo y nunca se fue. Solo ten cuidado", dijo su amiga.

Adriana estuvo de acuerdo, pero no vio cuál era el problema.

Habían estado saliendo por un tiempo y Jorge necesitaba un lugar para quedarse durante una semana más o menos hasta que pudiera recuperarse.

. . .

Cuando llegó a casa, Jorge ya estaba allí. La saludó con un beso y le dijo que estaba trabajando en la cena.

"Huele delicioso. ¿Fuiste de compras?" preguntó ella.

"Sí", dijo Jorge. "Me di cuenta de que tenías una lista de compras pegada en tu computadora portátil. Hice el pedido usando esa aplicación de compras que tienes".

Adriana no estaba segura de lo que estaba diciendo exactamente. "Entonces, ¿compraste los comestibles que estaban en mi lista con mi cuenta?" Eso significaba que ella había pagado por los comestibles y que todo había sido entregado directamente en su apartamento. Si bien eso era algo que planeaba hacer de todos modos, no había esperado que Jorge se ayudara a sí mismo con su computadora, o su cuenta bancaria para el caso.

"Sí, estaba tratando de hacerte un favor. Agregué algunas cosas allí que también necesitaba", dijo Jorge y sonrió. Antes de que Adriana pudiera discutir, volvió a la cocina para revolver el puré de papas.

Ella lo siguió. "¿Qué estamos preparando?" "Hice pastel de carne y puré de papas", dijo.

. . .

Adriana asintió. Unos minutos más tarde, se sirvió la cena. Se sentaron uno frente al otro en su mesa. Ella tomó algunos bocados y le dejó saber que estaba bueno.

"¿Encontraste trabajo hoy?" Jorge negó con la cabeza. "Aún no. Pero mi amigo dijo que va a tener una mezcla de artistas para mostrar el próximo mes y que podría poner algunas cosas fuera de su exposición. Espero poder vender algunas piezas". "Es una gran noticia", sonrió Adriana. No tenía idea de cuánto se vendería un arte como ese, pero esperaba que fuera suficiente para que Jorge se recuperara.

Sin embargo, todavía estás buscando trabajo, ¿verdad? "Sí, sí, por supuesto", dijo él y le sonrió.

Después de la cena, ella lo ayudó a limpiar todo. Luego, los dos vieron un poco de televisión y se fueron a la cama. Parecía ser la rutina en la que naturalmente habían caído. Ella estaba emocionada por todo eso porque era nuevo. También sintió que estaba conociendo mucho mejor a Jorge. Jorge dijo que a él también le gustaba vivir con ella, aunque fuera temporalmente.

Pasó casi una semana cuando Jorge se detuvo en su oficina. La recepcionista entró en la habitación donde Adriana estaba trabajando con algunos de los otros pasantes en un gran proyecto. "¿Adriana? Tu novio está aquí. Dice que necesita verte". Ella se disculpó y se acercó a Jorge. "¡Hola! ¿Qué tal?" ella preguntó.

"Oye, es que necesitaba pedir prestados veinte dólares. Tengo una entrevista del otro lado de la ciudad y necesito dinero para un taxi." Le dijo Jorge.

"Oh, está bien. Solo espera un minuto". Ella fue a su escritorio a buscar un billete de veinte para llevárselo.

"Gracias", dijo Jorge y la besó en la mejilla. Estaba fuera antes de que ella lo supiera.

Cuando volvió a entrar, una de sus amigas le preguntó qué estaba pasando. Adriana le dijo por qué se había detenido.

"Dime que no le diste el dinero", dijo su amiga. Adriana puso los ojos en blanco. "Por supuesto que se lo di." "Niña, tienes que tener cuidado de que él no esté jugando contigo", le aconsejó su amiga.

Adriana despidió a su amiga. Sabía que Jorge estaba luchando. Ella estaba feliz de ayudarlo. Después de todo, era un buen tipo. Todo el mundo cae en tiempos difíciles periódicamente y si ella podía ayudar, lo haría.

Cuando Adriana llegó a casa, Jorge todavía estaba fuera. "Tal vez eso significa que está teniendo un buen trabajo en la entrevista", pensó para sí misma. Entró para hacer la cama y encargarse de algunas otras cosas. Se dio cuenta de que tenía un nuevo par de zapatillas en su lado de la cama. Deben haber estado en la maleta que trajo consigo. No había tenido suficiente dinero para gastar esa cantidad de dinero en zapatos desde que se mudó.

Jorge entró corriendo por la puerta, casi provocándole a Adriana un infarto. "Nunca vas a adivinar lo que pasó", dijo, girándola y besándola.

"¿Qué, qué?" preguntó emocionada. "Conseguí el trabajo. Es en un restaurante de primera categoría al otro lado de la ciudad. Las propinas deben ser excelentes", explicó. "¡Eso es increíble!" dijo Adriana.

"Deberíamos celebrar esta noche", anunció Jorge. "¿Qué te parece si vamos a ese restaurante al que fuimos primero?"

Adriana asintió, aunque también se dio cuenta de que tendría que pagar porque él aún no había comenzado el trabajo. Sabía que era solo cuestión de días antes de que él pudiera comenzar a pagar las cosas por su cuenta nuevamente. Además, no veía la hora de salir y divertirse con él. Aunque disfrutaba de vivir juntos, no quería perderse las noches de citas.

Tres días después, Jorge estaba listo para mudarse. "Hablé con uno de mis amigos y me va a dejar dormir allí. Sé que te prometí que estaría fuera en dos semanas", dijo Jorge mientras cenaban.

Adriana no sabía cómo explicarle que quería que se quedara.

Le gustaba la sociedad que habían creado. Pudo volver a casa después del trabajo para encontrar la cena ya hecha. A veces incluso había lavado la ropa. Además, Jorge estaba trabajando de nuevo en un trabajo normal y estaba trayendo dinero. Incluso compró la cena la otra noche, lo cual fue un buen regalo.

"¿Qué pasa?" preguntó Jorge. "Supongo que no quiero que te vayas", dijo ella.

"¿Te gusta tenerme cerca?" preguntó él. Ella asintió. "Realmente lo hago. Quiero decir, mis padres me matarían si se enteran de que estaba viviendo con un chico antes de casarme, pero realmente he disfrutado estas últimas semanas".

"Yo también." Jorge sabía que probablemente podría continuar quedándose con Adriana, especialmente si le decía que quería. Además, nunca había pedido ni un centavo para el alquiler. El amigo con el que se mudaba exigía quinientos dólares al mes.

Quedarse con Adriana sería mucho más barato. "Podría quedarme si es lo quieres". Adriana se animó ante esta idea.

"Realmente lo haría. ¿Te gusta vivir conmigo? Quiero decir, ¿eres feliz aquí?".

"Por supuesto", dijo Jorge y le dio un beso al otro lado de la mesa. "Le diré a mi amigo más tarde que decidí quedarme aquí". "Bien", dijo Adriana.

Pasó el resto de la tarde desempacando la ropa de Jorge y dejando espacio para algunas de sus cosas más en todo el apartamento. Ella quería asegurarse de que tuviera suficiente espacio para que fuera suyo. Estaba emocionada por tomar la siguiente etapa 'oficial' en su relación.

La exhibición de arte de Jorge se acercaba el próximo fin

de semana. Adriana había invitado a todos los del bufete de abogados y repartió folletos junto con Jorge por toda la ciudad. Si bien su arte no era la única en la exhibición, sería una oportunidad para dar un paso hacia su sueño de ser artista. Además, posiblemente podría vender bastantes piezas.

Desafortunadamente, la exhibición de arte no salió como ninguno de los dos había planeado. Si bien la exhibición de arte estuvo llena de gente, nadie compró las pinturas de Jorge.

Varios de los compañeros de trabajo de Adriana le comentaron que no habían "entendido" su obra de arte. Nadie podía entender la declaración que Jorge estaba haciendo con su arte, lo que solo frustraba a Jorge.

Prometió que el próximo show sería diferente. Ya había instalado un caballete frente a la ventana de la sala de estar de Adriana para trabajar en su siguiente pieza. La pintura estaba por todas partes y Adriana esperaba que fuera lo suficientemente fácil limpiar para poder recuperar su depósito. "Creo que tendré que conseguir un segundo trabajo", dijo ella mientras tomaba unas copas con sus amigas un viernes por la noche.

"¿Qué? ¿Por qué?" preguntó un amigo. Ella se encogió de hombros. El apartamento es caro. La comida es cara. Y

Jorge ha estado hablando de irse de vacaciones conmigo a fin de mes.

Habían hablado de ir en un crucero, lo que sonaba increíble.

"¿Está pagando por algo en este momento?" su amigo preguntó.

Ella negó con la cabeza. "No en este momento porque está tratando de poner todo en marcha. Comenzó en su nuevo trabajo hace unas semanas. Y en su exhibición de arte tampoco le fue muy bien".

Todos sus amigos la miraron. "Estás poniendo excusas", dijo uno.

"No lo hago. Realmente lo amo. Además, ningún hombre es perfecto. ¿Y qué si tengo que apoyarlo un poco? Si las cosas fueran al revés, él haría lo mismo por mí", explicó Adriana.

"¿Lo haría?" Un amigo preguntó. "Quiero decir, ustedes solo se conocen desde hace unos meses. Él se ha estado burlando de ti desde que se conocieron. Literalmente, desde que se conocieron, tú has pagado por casi todo".

. . .

Adriana se molestó con sus amigos. La mayoría de ellos eran solteros, por lo que no entendían. A ella no le importaba comprar la cena y otras cosas de vez en cuando. Si necesitaba un poco de tiempo para ponerse en marcha, ella se lo daría.

Pagó sus bebidas y se fue, sin querer hablar con nadie Ella solo quería ir a casa con Jorge. Se suponía que iba a trabajar hasta tarde, así que pensó que vería una comedia romántica antes de que él entrara.

Cuando abrió la puerta de su apartamento, Jorge estaba en el sofá comiendo palomitas de maíz. "¡Oye, estás en casa!" la saludó.

"Oye, ¿pensé que estabas en un turno de cierre esta noche?" preguntó Adriana.

Jorge dejó las palomitas de maíz. "Sí, sobre eso. Renuncié más temprano hoy".

"¿Qué?" preguntó Adriana. Ella ya estaba preocupada por el dinero y él no traía ni un peso a la casa.

. . .

"Pensé que necesitaba tiempo para trabajar en mi arte en este momento. Si alguna vez voy a vender algo, necesito diversidad en mi cartera", explicó. "Además, estás cubriendo el alquiler, así que no es como si necesitara los ingresos".

La forma en que lo dijo la hizo detenerse. Tenía miedo de que sus amigos pudieran haber tenido razón. Sin embargo, todavía tenía la esperanza de que esto pudiera arreglarse.

"Escucha, Jorge", explicó Adriana, "estoy feliz de ayudarte, pero no puedo apoyarte por completo". Jorge asintió. Dijo que entendía. Dijo que trabajaría en conseguir un trabajo 'pronto' para poder traer el dinero que se necesitaba. En el siguiente aliento, estaba hablando de nuevo sobre el crucero. Adriana no quería ser la única financiadora del crucero, especialmente si él no iba a aportar ni un peso para ello.

Adriana salió del apartamento para llamar a su amiga Catia. Necesitaba un consejo sobre qué hacer.

"Ya sabes lo que tienes que hacer", dijo su amiga, Adriana no lo sabía. Su amiga le dijo que necesitaba echarlo. "Tienes que volver a encarrilar tu vida. Está desperdiciando tu dinero y tu tiempo".

. . .

"Pero lo amo", insistió Adriana. "¿Qué se supone que debo hacer? ¿Simplemente echarlo? ¿Adónde irá?"

"Eso no es asunto tuyo", dijo Catia. "En serio, era un vagabundo antes de que lo conocieras. Le estaba yendo muy bien. Encontrará a alguien más con quien divertirse".

Adriana sabía que su amiga tenía razón. Cuando volvió al apartamento, vio a Jorge junto al lienzo. Tenía mucha más pintura cerca de él que la última vez. Ella le preguntó al respecto y él dijo que había gastado la mayor parte de sus ahorros en la tienda de arte para comprar suministros.

Fue entonces cuando supo que tenía que hacer algo. En lugar de contribuir con el alquiler, él lo usó en materiales de arte. Eso no estuvo bien. "Tenemos que hablar", dijo Adriana. Debido al tono que usó, Jorge dejó su pincel y se sentó en el sofá junto a ella. Ella explicó que no podía seguir apoyándolo. Ella le dijo que necesitaba mudarse.

"Me pediste que me quedara", le recordó Jorge. "Perdí la oportunidad de quedarme con mi amigo porque me querías aquí".

Adriana se mordió el labio porque esto era más difícil de lo que pensaba que iba a ser. "Lo sé. Lo siento, pero ni siquiera estás tratando de mantener un trabajo. No es justo que yo te apoye así cuando ni siquiera nos conocemos desde hace tanto tiempo".

Jorge discutió su camino para intentar quedarse unos días más.

"Solo una semana. Verás cómo podemos hacer que esto funcione".

Adriana negó con la cabeza. "No. Una semana se convertirá en un mes". Ella fue capaz de mantenerse fuerte. "Tienes que irte esta noche".

Jorge solo le gritó. Adriana no respondió, y finalmente Jorge comenzó a empacar sus cosas. Ella se sentó en el sofá llorando, sin saber qué decirle.
 Quería decirle que lo olvidara y que todo estaría bien. Sin embargo, ella siguió llorando. Jorge se despidió de ella al salir y le dijo que se arrepentiría de haber hecho esto. Esperaba que él estuviera equivocado en esa parte.

Los amigos de Adriana tenían razón. Una vez que Jorge estuvo fuera de la casa, pudo volver a encarrilar su vida. Incluso planearon un crucero juntos, y cada uno de sus amigos pagó por su propia cuenta. Nunca supo qué había sido de Jorge, aunque supuso que era lo mejor.

. . .

COMENTARIOS DE LA RELACIÓN

Jorge era un aprovechado. Si bien tenía buenas intenciones con su relación con Adriana, se estaba aprovechando de ella en cada paso del camino. A ella realmente le gustaba. Sus amigos también pensaban que era guapo, así que a ella le gustaba aún más por la imagen con la que pudo ayudarla.

Los aprovechados están buscando a alguien que se ocupe de sus problemas. No tienen un plan sobre cómo van a mejorar su estado financiero porque siempre están buscando la 'próxima gran cosa' que se avecina. Para Jorge, estaba tan concentrado en cómo su arte era su boleto a la libertad financiera que no vio cómo estaba afectando su relación con Adriana o su capacidad para mantenerse.

Él también usó la manipulación para que pareciera que fue idea de Adriana que él se quedara con ella.

Nadie sabrá nunca si Jorge estaba diciendo la verdad sobre si realmente tenía planes de mudarse con un amigo o no. Él contaba con la relación que él había construido con Adriana para que ella se sintiera mal. Este es a menudo el problema con los aprovechados. Se entrelazan tanto en la vida de otra persona que es difícil para la otra persona resistirse a sus encantos.

Había muchas señales de que Jorge estaba usando a Adriana:

- Olvidar su billetera en la primera cita.
- Su incapacidad para mantener un trabajo.
- Su actitud displicente acerca de conseguir un nuevo trabajo.
- No pagar el alquiler a Adriana.
- Gastar dinero en tonterías (zapatillas deportivas, materiales de arte) en lugar de ser económicamente responsable.
- Planificación de unas vacaciones que Adriana tenía que pagar.

Los amigos de Adriana ya le habían dicho que tenía que tener cuidado con Jorge. Vieron que ella estaba gastando todo su dinero para mantener la relación. Sin embargo, Adriana había sido herida antes. Ella no quería terminar sola. Veía a Jorge como un buen tipo que había atravesado tiempos difíciles. Ella no quería ser la que terminará las cosas solo porque él no estaba trabajando y no podía mantener un trabajo. Tenía la esperanza de que alguien haría lo mismo por ella si los papeles se invirtieran.

El mayor problema con un aprovechado como Jorge es que la situación nunca mejora. No tenía ninguna intención de conseguir un trabajo 'real'. Tampoco parecía tener suficiente talento artístico para triunfar como artista, lo cual es evidente porque no vendió ninguna pieza en la exhibición de arte. En lugar de que eso fuera un control de la realidad para él, renunció a su trabajo y gastó todo el dinero que le quedaba en materiales de arte para poder concentrarse en eso.

Sintió que tenía la capacidad de hacer eso porque Adriana estaba pagando la factura de todo. Él no la respetaba lo suficiente como para sentir que necesitaban tener una sociedad igualitaria.

Hay momentos en los que uno de los dos pasará por tiempos difíciles. Sin embargo, también hay formas de saber si se trata de una situación temporal en la que la persona tiene toda la intención de arreglar las cosas o no. Los aprovechados no van a arreglar nada. Pasan de una situación temporal a la siguiente porque carecen de responsabilidad o del cuidado para ser responsables.

Las relaciones saludables se basan en el respeto. Jorge no respetaba a Adriana lo suficiente como para asegurarse de que ella estuviera de acuerdo con gastar su dinero. Pidió comestibles usando su cuenta de comida rápida con su tarjeta de crédito sin siquiera preguntar. Hizo suposiciones de que estaría bien.

. . .

Al hacer eso tan temprano en la relación, fue una falta de respeto.

Además, Adriana y Jorge no estaban casados. Ella no le debía nada en ese momento. Aquí es donde es importante recordar que las citas se tratan de determinar si alguien es una pareja adecuada antes de entrar en una situación permanente con ellos. Ella no tenía los medios para mantenerlo porque estaba hablando de tener que conseguir un segundo trabajo. Jorge apenas mostró que estuviera motivado para ganar dinero por sí mismo, aunque era perfectamente capaz de hacerlo. Simplemente era más fácil para él confiar en Adriana. Se estaba aprovechando de su generosidad.

Una vez casados, Adriana y Jorge serían responsables de mantenerse mutuamente. Si ella perdiera su trabajo, sería ahora el trabajo de él brindarle apoyo y viceversa. Sin embargo, antes del matrimonio, no hay razón para que Adriana continuará apoyándolo. Jorge incluso estaba listo para ver a Adriana conseguir otro trabajo solo para poder seguir pagando por todo. Esto debería haber activado una serie de banderas rojas para ella. Estaba encendiendo banderas rojas para sus amigos.

Adriana habría terminado con grandes problemas si se hubiera casado con un aprovechado como Jorge. Se vería obligada a trabajar en dos lugares para llegar a fin de mes. Mientras tanto, estaría casada con alguien que estaba tan ocupado persiguiendo sus sueños que no tenía tiempo para trabajar y ganarse la vida. Ella estaría estresada mientras él viviría su mejor vida. Los niños también en esa situación serían problemáticos. Los niños probablemente pasarían más tiempo en la guardería que en cualquier otro lugar, porque mamá estaría trabajando todo el tiempo y papá estaría muy ocupado trabajando en su arte o persiguiendo su "siguiente gran cosa".

Cuando estás saliendo con una persona aprovechada, tienes que mirar de cerca las señales. No siempre son tan obvias como te gustaría que fueran. Por eso es posible que te encuentres con una de ellas ahora mismo. Es posible que te dejes llevar tanto por estar en una relación que no te des cuenta de que te están usando. Te olvidas de los problemas más grandes porque no quieres romper con las cosas y enfrentar la vida de soltero nuevamente. Con un aprovechado, nunca habrá un equilibrio saludable de responsabilidad. Particularmente cuando estás en la fase de citas, no hay razón para que sientas que tienes que apoyar a otro adulto que es capaz de mantenerse a sí mismo.

5

Un Matón

Adriana ha seguido adelante y ha pasado a otra relación. Explora cómo se conocen Adriana y Ricardo y cómo se desarrolla su nuevo noviazgo. Encuentra los diversos defectos de la relación para ver cómo Ricardo es un matón. Puede haber algunas similitudes dentro de una relación en la que estás involucrado actualmente. Después de la historia, hablaremos sobre la relación en detalle para que puedas ver por qué terminar las cosas fue lo mejor para Adriana.

PERFIL: RICARDO Y ADRIANA

Adriana había estado trabajando duro en el bufete de abogados. Pasó de ser becaria a aprobar la barra. Fue entonces cuando su bufete de abogados decidió contratarla a tiempo completo como abogada. Había estado soltera por un tiempo y algunos de los otros abogados de la firma habían estado tratando de salir con ella.

. . .

"Realmente no estoy buscando nada serio en este momento", le dijo Adriana a uno de los empleados.

"De verdad no estoy buscando nada serio por ahora", le dijo Adriana a uno de los empleados. "No estoy hablando de que quedes de salir con cualquiera. Mi hermano es un fiscal del condado", dijo Abril. "Realmente creo que los dos se llevarían bien".

Adriana lo pensó por un rato. Nunca tuvo mucha suerte con la gente que la quería juntar, pero le gustaba el hecho de que el hermano de Abril fuera fiscal. Significaba que tenía un buen trabajo y entendía el compromiso del tiempo. Además, Abril era una mujer atractiva, por lo que esperaba que la buena apariencia corriera en la familia. "Está bien, una cita".

Abril sonrió. "Genial. Le diré que te llame. Ya tengo tu número. Su nombre es Ricardo".

"Está bien", dijo Adriana y recogió su bolso para regresar a la oficina.

Habían pasado dos días y no había sabido nada de Ricardo.

. . .

Cuando volvió a la corte, el fiscal del caso se llamaba Ricardo.

Era alto, con cabello oscuro, una pequeña barba en la barbilla y un traje azul marino que parecía hecho a su medida. Se preguntó si este era el mismo Ricardo con el que Abril estaba tratando de tener una cita.

Ella decidió accrcarse a él. "Hola, quería presentarme", dijo ella, acercándose a él.

Él sonrió como si ya supiera quién era ella. "Adriana, lo sé.

Estás tomando la delantera en este caso, ¿no? Ella se tambaleó un poco. La verdad sí. Me preguntaba si tenías una hermana llamada Abril".

Ricardo asintió. "Sí. También me dio tu número para llamarte".

"No lo has hecho", dijo Adriana, sintiéndose como que estaba siendo rechazada.

. . .

"Todavía no lo he hecho", enfatizó Ricardo. "No puedo salir con el abogado contrario. Hasta que este caso esté cerrado, no podemos tener ningún tipo de relación personal".

Adriana sintió que sus mejillas ardían en rojo. Ella debería haberlo sabido. "Cierto, por supuesto," dijo ella, alisándose la falda.

"Sin embargo, tengo la intención de llamarte", dijo Ricardo y le guiñó un ojo.

Adriana sonrió y volvió a su lado de la sala del tribunal. Eso explicaba muchas cosas. Le gustaba su nivel de confianza y cómo se comportaba. Él ya había hecho su investigación sobre ella. Parecía muy seguro de sí mismo de que tendrían una 'relación personal' a pesar de que nunca habían hablado antes. No pudo evitar estar de buen humor por el resto del día.

Llevó una semana cerrar el caso en el que estaba trabajando Adriana. A las pocas horas de salir de la sala del tribunal ese día, sonó su teléfono. Era un número desconocido, lo que la emocionó un poco al pensar en quién podría ser.

"¿Hola?" ella contestó el teléfono. "¿Te gustaría tomar bebidas para celebrar tu victoria?" "¿Ricardo?" preguntó ella, esperando no estar a punto de avergonzarse.

. . .

Hubo una risa en el otro extremo de la línea. "Entonces, estabas anticipando mi llamada. ¿Eso significa que nos reuniremos para tomar una copa?" preguntó Ricardo. Ella sonrió y dijo "Claro. ¿Dónde te gustaría encontrarnos?"

¿Sabes dónde está La Ruta de los Vinos? Ricardo preguntó.

Adriana dijo que sí. Estaba en el otro extremo de la ciudad, pero no le importaba conducir.
   Se suponía que era uno de los mejores bares en la ciudad con una increíble vista. Ella no había estado allí personalmente, pero había oído muchas cosas buenas al respecto.

Cuando ella entró, él ya estaba en el bar. Se puso de pie para saludarla, dándole un beso en la mejilla. "Es un placer conocerte formalmente, Adriana", dijo Ricardo y le hizo un gesto para que se sentara a su lado. "Te pedí uno de los tragos de la casa".

"Muchas gracias. Es bueno obtener una victoria desde el principio", sonrió.

"No te enfrentarás a mí, así que deberías tener mucha suerte", respondió Ricardo. "¿No lo haré?" ella preguntó.

· · ·

Ricardo negó con la cabeza. "No creo que sea una buena manera de empezar a salir, ¿verdad?" Adriana sonrió "Entonces, eso es lo que estamos haciendo aquí? ¿Saliendo? Él se encogió de hombros. "Somos dos personas inteligentes. No veo ninguna razón por la que no deberíamos estar juntos. De hecho, te he echado el ojo desde hace bastante tiempo".

"¿Tu lo has hecho?" preguntó Ricardo, tomando un sorbo de su bebida.

"Sí. Por lo general, también obtengo lo que quiero", dijo Ricardo y colocó su mano sobre su rodilla.

Así de simple, los dos cayeron en un ritmo cómodo de estar juntos. Fueron un artículo instantáneo y todos en los tribunales y su bufete de abogados sabían que estaban saliendo. Tuvieron que presentar documentos para permitirles salir, afirmando que nunca tomarían un caso que involucrara el trabajo del otro. Esto también evitaría cualquier favoritismo o conflicto de intereses para sus clientes.

"Vámonos de viaje este fin de semana", dijo Ricardo una tarde, alcanzándola en los pasillos del Juzgado. "Bueno, eso suena divertido. ¿A dónde?" preguntó Molly.

Ricardo pensó por un minuto. "Todavía no estoy seguro. ¿Adónde quieres ir?" "¿Tal vez a Acapulco?"

. . .

Ricardo asintió. "Investigaré y reservaré algo". Él le dio un beso y se dirigió al otro lado del juzgado para una sesión informativa.

Ella regresó a su oficina para hacer algunos trámites. Un fin de semana a solas con Ricardo sonaba emocionante. Estaba ansiosa por estar en una relación que se tratara de equilibrio.

Después de algunas de sus relaciones pasadas, estaba un poco indecisa. Sin embargo, Ricardo era capaz de manejar su propia vida. También parecía genuinamente interesado en ella y en lo que ella quería lograr.

Justo cuando estaba recogiendo sus cosas para irse a dormir, recibió un mensaje de texto de Ricardo. "Cancún, Quintana Roo, aquí vamos". Adriana sonrió, emocionada por la oportunidad de escapar. Sin embargo, también recordó haber hablado de Acapulco. Tal vez no había disponibilidad en alguno de los hoteles para el fin de semana.

"Suena bien", respondió ella, agregando una carita sonriente por si acaso.

. . .

Ambos tenían muchos casos por delante, por lo que no hablaron mucho durante la semana. Esta es una de las razones por las que a Adriana le gustaba tanto Ricardo. Entendía su incapacidad para salir a menudo durante la semana debido a su trabajo.

Llegó el viernes y planeaba pasar a buscarla a las tres para poder salir temprano. Ella le envió un mensaje de texto para hacerle saber que iba un poco tarde. Él le dijo que no había problema y que estaría allí cuando ella estuviera lista.

A las cinco, finalmente estaban en camino hacia Cancún. "Probablemente vamos a perder las reservas para cenar ahora", dijo Ricardo mientras conducía.

"Lo siento", dijo Adriana. "No me di cuenta de que habías hecho ninguna".

"Por supuesto que no lo habrías hecho. Eso es lo que obtengo por ser considerado", dijo Ricardo, pero no hizo contacto visual con ella cuando lo dijo.

Adriana se recostó en el asiento y tomó una respiración profunda. Ambos estaban exhaustos y ella no quería pelear.

. . .

Decidió buscar una conversación más fácil. "¿Viste el debate político de anoche? Atrapé al gato por la cola antes de irme a la cama".

Adriana pronto se dio cuenta de que los dos estaban en lados diferentes de la valla política. Ella acababa de asumir que tenía la misma inclinación de las cosas como ella.

"Eres demasiado joven para darte cuenta de que estás equivocada", dijo Ricardo. "Veamos cómo te sientes acerca de estos mismos temas cuando madures un poco".

"¿Discúlpame?" preguntó Adriana, sorprendida de que él dijera eso.

"Relájate, estoy bromeando. Pero claramente no estás lo suficientemente informada sobre los problemas para hablar de ellos de una manera inteligente", dijo Ricardo.

Adriana resopló y decidió abandonar la conversación. Ambos estaban cansados. También tenía hambre porque se había saltado el almuerzo. Encendió la radio para romper el silencio entre ellos.

. . .

Ricardo no se molestó en cambiar la estación. En cambio, dijo: "Deberíamos estar allí en aproximadamente una hora".

Adriana asintió y se relajó en el asiento.

Una hora más tarde, Ricardo se detuvo en una hermosa posada en la costa con una luz al fondo.

"Es hermoso", comentó ella. "Definitivamente lo es. Mucho mejor que los lugares que pude encontrar alrededor de Acapulco. Disfrutaremos de la privacidad aquí. Démonos prisa. Todavía podemos tener nuestras reservaciones para la cena", dijo Ricardo, saliendo del auto.

El restaurante estaba a poca distancia de la posada. Tan pronto como estuvieron instalados en la habitación, Adriana se retocó el lápiz labial y se cambió los zapatos.

"¿Lista?" preguntó Ricardo, extendiendo su brazo. Adriana sonrió y lo agarró del brazo. "Lista."

En el restaurante, Ricardo pidió una botella de vino tinto. "Soy más una chica de vino blanco", comentó Adriana.

. . .

"Eso es porque no has tenido el tipo correcto de rojo", dijo Ricardo, descartando por completo sus pensamientos sobre el tema.

La cena fue buena. Adriana pensó que el vino estaba "bien", pero no quería empezar una pelea con Ricardo. Ya era tarde cuando regresaron a la habitación. Estaba lista para quitarse los zapatos e irse a la cama.

"¿Quieres dar un paseo por la propiedad?" Ricardo preguntó. Adriana negó con la cabeza. "Estoy exhausta. ¿Podemos hacer eso en la mañana?"

Ricardo suspiró. "Por supuesto." Se dio cuenta de que él quería decir algo más, pero no insistió. Con la cantidad de trabajo que había hecho esta semana, solo quería dejar que su cabeza tocara la almohada. Mañana será divertido. Los dos habían hablado durante la cena sobre qué hacer y decidieron hacer un recorrido en bote, además de ir a un lugar para comer sopa. Parecía un fin de semana relajante y Adriana estaba emocionada de estar con Ricardo.

La mayor parte del fin de semana transcurrió sin contratiempos. Se tomaron de la mano, se besaron y pasaron todo el fin de semana haciendo turismo por todo Cancún. Fue relajante.

. . .

Hubo un breve incidente en el que Ricardo gritó porque tenían que volver a la posada cuando se rompió el tacón de Adriana. No era algo que ella hubiera esperado que sucediera. Además, gritó fuerte. lo suficiente como para que girarán varias cabezas. Sin embargo, Adriana trajo muchos zapatos, por lo que volvieron a hacer turismo en poco tiempo.

"Debes lidiar con muchas cosas", dijo Adriana mientras regresaban a la ciudad. "¿Qué quieres decir?" Ricardo preguntó.

Adriana trató de elegir sus palabras con cuidado. "Como fiscal, es un trabajo estresante". "Nada que no pueda manejar", dijo Ricardo.

Adriana sonrió. "Bueno, sé que puedes tenerlo controlado. Solo digo que debe ser mucho a veces."

Ricardo asintió, pero no dijo mucho más. No era de los que hablaban mucho de sus sentimientos y ella llegó a comprenderlo. Ella sintió que sus gritos y comportamientos a veces se debían al estrés de su trabajo. Esperaba que los fines de semana como este fueran suficientes para ayudarlo a relajarse un poco.

. . .

Pasaron algunas semanas y recibió un sobre en su escritorio.

Era una invitación a la fiesta navideña de su bufete de abogados. Se suponía que tomaría un 'más uno'.

Ella sonrió, sabiendo que le pediría a Ricardo que la acompañara.

"Estoy emocionada por esta fiesta navideña", dijo Adriana a algunos de sus compañeros de trabajo en la sala de descanso.

"Sabes por qué te dicen que traigas un 'más uno', ¿verdad?" Jaime, uno de los abogados que estaba en la fila para ser socio, preguntó.

Adriana y algunos de los otros negaron con la cabeza. "Los socios quieren saber que tienes una vida fuera de la oficina. Los que están casados o tienen una relación sólida tienen más probabilidades de convertirse en socios más rápido", explicó Jaime.

"¿En serio?" preguntó Adriana. Jaime asintió.

Adriana pensó que eso era interesante. Solo había estado trabajando como abogada durante aproximadamente un año, pero definitivamente ser socia era algo que quería en algún momento. Tener a Ricardo, un fiscal del condado, como su cita, la ayudaría a verse bien. Estaba ansiosa por impresionar a los socios. Le envió un mensaje de texto a Ricardo de inmediato para invitarlo a la fiesta. Ella sabía que él tenía una variedad de compromisos sociales en esta época del año, muchos a los que estaba invitada con él, y quería asegurarse de que tuviera la fecha en el calendario.

No había forma de que ella se presentara a la fiesta sola. "Suena bien", respondió Ricardo en breve.

Ricardo y Adriana se reunieron para cenar esa noche. Durante la cena, trabajaron para alinear sus calendarios. Tenía algunas fiestas a las que tenía que ir donde sería mejor si tuviera una cita. Lo único que tenía Adriana era la fiesta navideña.

También hubo algunas fechas para el año nuevo que ella compartió con Ricardo, incluido un retiro que la firma había ordenado para cada uno. Para Adriana era fácil ver un futuro con Ricardo, por lo que parecía correcto compartir cosas que fueran a suceder dentro de al menos seis semanas.

Parecía que los casos legales siempre aumentaban durante las vacaciones. Ricardo y Adriana se enviaban muchos mensajes de texto y se reunían para tomar un café varias mañanas, pero no habían tenido la oportunidad de pasar mucho tiempo de calidad juntos. En cambio, se conformaban con un beso rápido cuando se cruzaban en el juzgado.

Finalmente llegó la noche de la fiesta navideña. Ricardo había reservado un coche con chófer para que los llevara a la fiesta, que se celebraba en un lugar exclusivo del centro. Adriana había comprado un vestido nuevo especialmente para la ocasión.

"Te ves genial", dijo Ricardo, manteniendo la puerta abierta para ella. "Gracias," ella se sonrojó.
"Estoy muy emocionado por la fiesta".

Ricardo miró sus tacones. "No se van a romper, ¿verdad? A veces eres un poco torpe".

Adriana negó con la cabeza y le dio un puñetazo en el hombro. "No. No son tan altos como los que usé en Cancún. Además, no soy torpe".

Ricardo puso los ojos en blanco, pero extendió el brazo para que ella lo sostuviera. "Mientras puedas manejar bailar conmigo más tarde", dijo y le dio una palmadita en la mano.

. . .

"Definitivamente podemos hacer que eso suceda", sonrió Adriana.

Los dos pasaron la siguiente hora estrechando la mano de sus socios y siendo presentados a los principales clientes de la firma. Vio que algunas de las parejas enarcaban las cejas cuando presentaba a Ricardo como fiscal del condado.

Ricardo tampoco la decepcionó al hablar sobre su trabajo y su relación con Adriana. Le fue bien con toda la gente.

"Ser socia podría venir antes de lo que tú esperas", le susurró Ricardo cuando estaban en la pista de baile.

"¿En serio? ¿Qué te hace decir eso?" preguntó Adriana, mareada ante la posibilidad.

"Bueno, tengo un poco de influencia en estos círculos. Hace que tu empresa se vea mejor para tener una mejor relación con los tribunales. Convertirte en más que un abogado también sería bueno para ti", dijo Ricardo. "Ser solo un abogado sigue siendo un gran trabajo", le recordó Adriana. "Por ahora", dijo Ricardo. "Pero no puedes esperar ser sólo una abogada para siempre. Ser socia es por lo que tienes que esforzarte. Más temprano que tarde. También es mejor para mi imagen".

Adriana asintió. Sabía que había muchos abogados despiadados en su bufete. No llegaron a donde estaban por ser amables. Si ella quería ser socia, tendría que seguir un nuevo conjunto de reglas. Tal vez Ricardo podría ser de ayuda allí.

Una semana después de la fiesta, Ricardo estaba fuera de la ciudad por trabajo. Adriana se reunió con algunos de sus amigos en su bar favorito.

"¿Cuándo vamos a llegar a conocerlo?" preguntó uno de sus amigos. Adriana había estado saliendo con Ricardo durante casi seis meses, pero aún no se lo había presentado a sus amigos. Ambos parecían tan ocupados que era difícil coordinar algo.

"Pronto, lo prometo", dijo Adriana. "No sé cómo lo haces", dijo otro amigo. "¿Qué quieres decir?" preguntó ella.
Su amiga le explicó que era mucho ser abogada y tener una nueva relación. Adriana dijo que era mejor que Ricardo también tuviera un trabajo que demandara mucho tiempo, porque lo entendía. También confesó que hubo momentos en los que había pensado en terminar con él para poder concentrarse en ascender en la firma.

. . .

No fue hasta unos días después que Adriana tuvo la oportunidad de ver a Ricardo después de su viaje de negocios. Habló sobre cómo pudo asistir a algunos talleres realmente geniales mientras estaba en la otra costa. Le preguntó acerca de las bebidas con sus amigos. Dijo que le fue muy bien y mencionó la conversación que habían tenido sobre cómo mantener un equilibrio entre el trabajo y la vida.

"No vas a romper conmigo", dijo Ricardo.

Ella se rió, pensando que estaba bromeando. "Yo podría." Ella no tenía intención de romper con él en ese momento, pero sintió que tenía el derecho de hacerlo a su discreción. "No vas a romper conmigo. Te arrepentirías", dijo Ricardo. Esta vez, Adriana no se rió.

Había algo en la forma en que lo dijo con los dientes apretados que la asustó. "Te amo más de lo que nadie podría amarte", dijo Ricardo, acercándose y envolviendo su brazo alrededor de sus hombros. "Hacemos una gran pareja Todo el mundo aquí lo ve". Adriana asintió. De hecho, le habían dicho eso en más de una ocasión. Incluso uno de los abogados dijo que hacían una gran pareja cuando estaban en la fiesta navideña.

"Si crees que no me ves lo suficiente, ¿por qué no te

mudas?" Ricardo preguntó. La boca de Adriana se abrió. "¿Qué?"

Ricardo sonrió. "Ya me escuchaste. Múdate. Podrías deshacerte de tu apartamento. El mío es más grande y mejor de todos modos. Además, dormiríamos en la misma cama todas las noches, garantizando vernos más".

"¿Puedo pensarlo?" Adriana dijo, sorprendida de que él la invitara a mudarse. Era un gran paso en su relación y uno que no quería tomar a la ligera.

"Claro. No esperes demasiado o me pasaré a otra mujer hermosa", dijo Ricardo. "¿Qué?" preguntó Adriana. "Relájate, estoy bromeando", se rió Ricardo. Adriana rápidamente se puso a la defensiva sobre diferentes cosas y él no entendía eso.

Él quería tener la vida perfecta y la esposa perfecta ayudaría en esa área. Solo necesitaba que Adriana entendiera que la estaba ayudando.

Adriana envió un mensaje de texto a sus amigos sobre su sugerencia de mudarse. Algunos de ellos le dijeron que esperara, mientras que otros la alentaron a intentarlo. Como señaló uno, "Realmente no conoces a alguien hasta que eres capaz de vivir con esa persona". Adriana estuvo de acuerdo.

Al día siguiente, mientras caminaba por el pasillo del juzgado, Ricardo acababa de salir de la sala del tribunal. "Oye", dijo, agarrándola del brazo. "¿Tuviste la oportunidad de pensar en mi pregunta?" Adriana sonrió. "Sí."

"¿Sí, lo pensaste o sí, te mudaras conmigo?" preguntó Ryan. "Sí a ambos".

"Maravilloso. Trabajaremos para que te mudes este fin de semana", dijo Ricardo. "Debería ser fácil ya que tus muebles no tienen que irse". Antes de que Adriana pudiera preguntarle a qué se refería, él la besó en la mejilla y le explicó que llegaba tarde a una reunión.

El fin de semana se acercaba rápidamente y Adriana se emocionaba cada vez más. Empacaba cajas cada noche, asegurándose de tener sus libros y otras cosas. Su departamento era muy buscado debido a la vista, por lo que el que le rentaba le dijo que podía romper su contrato de arrendamiento sin cargo.

Todo parecía perfecto.

. . .

Abril, la hermana de Ricardo y amiga de Adriana, detuvo a Adriana en el juzgado. "¿Ustedes se van a vivir juntos?" ella preguntó. "Te dije que ustedes dos lo lograrían. Vas a convertirte en mi cuñada en poco tiempo".

Adriana sonrió, pero se puso nerviosa. Mudarse con Ricardo era una cosa. Casarse era otra. Le gustaba mucho Ricardo, pero también se sentía incómoda por la forma en que a veces se burlaba de ella. Sacudió la cabeza para aclarar sus pensamientos y siguió con el resto del día.

Mudarse con Ricardo fue más fácil de lo que hubiera pensado. Hizo que una mudanza se detuviera en su apartamento con algunas personas que fueron contratadas para hacer todo el trabajo pesado. Luego tomó fotos de sus muebles para que pudieran venderse en línea.

"¿Todos mis muebles?" preguntó Adriana. Había algunas piezas que realmente le gustaban.

Ricardo se encogió de hombros. "No necesitas esos muebles. Está anticuado, así que ni siquiera sé por qué te gusta. Mi apartamento tiene todos los muebles que necesitamos". Ella pensó que él tenía razón. No había necesidad de dos marcos de cama o dos sofás. Además, el dinero de la venta de los muebles podría usarse para unas vacaciones. Uno de sus socios tenía una cabaña cerca de la ciudad que le habían ofrecido si quería escaparse un fin de semana largo con Ricardo.

"Ves, encajamos juntos", dijo Ricardo. "Todo el mundo piensa que somos la pareja perfecta".

Después de vivir con Ricardo durante unos meses, los amigos de Adriana le hicieron comentarios cuando finalmente pudieron salir con ella. "Has cambiado", dijeron todos de una forma u otra.

"¿Qué quieres decir?" preguntó Adriana, preocupada de que sus amigos fueran a decir algo malo sobre Ricardo.

"Pareces más vacilante. Esperas a que todos ordenemos antes de hacerlo", dijo uno de sus amigos.

"Y dudas de lo que te vas a poner ", dijo otro amigo. Adriana se encogió de hombros. "Ricardo me ayuda a tomar decisiones. No veo nada malo en eso".

Sus amigos intercambiaron miradas, pero no dijeron nada.

. . .

Adriana sabía que parte de lo que estaban haciendo era ser cautelosos con ella. También sabía que muchos de ellos no tenían relaciones exitosas. Probablemente estaban celosos porque ella tenía algo muy bueno con Ricardo.

"Me alegro de que vivas conmigo", dijo Ricardo cuando llegó a casa.

"Yo también", sonrió, quitándose los zapatos junto a la puerta.

"De esta manera, sé que eres mía. No puedes estar con nadie más", sonrió y la acercó a él en el sofá.

Pasó otra semana y los amigos de Adriana volvían a comentar sobre Ricardo. "Tenemos que conocerlo", declararon. Adriana decidió invitar a Ricardo al bar con ella el viernes para que todos pudieran reunirse él.

"No creo que debas pasar tiempo con ellos. No hacen nada más que quejarse de sus vidas", comentó Ricardo. "Eso no es justo. Han sido amigos durante años" dijo Adriana. Ricardo negó con la cabeza. "Bien. Iremos a hacer acto de presencia, pero sólo por un trago. Entonces tenemos cosas más importantes que hacer".

. . .

Adriana asintió, feliz de que Ricardo aceptara ir a encontrarse con sus amigos.

El viernes pudo haber salido mejor. Primero, Adriana tuvo que presentarse en el bar sin Ricardo. Cuando ella le envió un mensaje de texto, él afirmó que se había olvidado y que estaba en camino.

Adriana estaba tomando un Martini cuando apareció Ricardo. "¿Te estás emborrachando con las chicas?" preguntó.

Ella se rió. "Por supuesto que no. Todos, este es Ricardo".

Dio la vuelta y nombró a todos para que Ricardo pudiera saber con quién estaba pasando el tiempo. "Me alegro de que pudieras venir", sonrió, dándole un beso en la mejilla.

"Si no logro resolver este caso, es tu culpa. Tuve que dejar un montón de papeleo en la oficina para venir a conocer a tus amiguitos", dijo.

"Lo siento mucho", se disculpó Adriana.

. . .

"Espera, ¿por qué te disculpas?" uno de sus amigos se metió en la conversación. Las mejillas de Adriana se pusieron rojas.

"Nada, no te preocupes por eso".

"Tengo que volver a la oficina, así que solo voy a tomar un trago", dijo Ricardo.

Adriana asintió. Pidió un trago y fue muy breve en sus respuestas cuando los amigos de Adriana le preguntaron qué hacía y qué le gustaba hacer. Fiel a su palabra, una vez terminado el trago, se despidió.

"¿Estarás de vuelta en mi casa antes de que yo llegue a casa?" Ricardo preguntó.

Adriana asintió y se despidió.

Sus amigos estaban sacudiendo la cabeza. "Oh, detente. Solo está estresado en este momento", defendiendo a Ricardo.

"Él te está cambiando", dijo un amigo.

. . .

"Y no para mejor", agregó otro.

Adriana les explicó que, si bien la relación no era perfecta, estaba bien. También les dijo lo difícil que sería terminar las cosas 'incluso si ella quisiera' por trabajar juntos. "Aunque no tomamos los mismos casos, lo vería en la sala del tribunal todos los días. No hay forma de que quiera lidiar con eso", dijo Adriana.

A sus amigos no les gustaba lo que estaban escuchando. No podían entender por qué ella había arreglado las cosas en lugar de terminarlas. Sin embargo, Adriana sabía por qué. Ella amaba a Ricardo. Sus vidas se habían entrelazado. Claro, podría ser un poco crítico a veces, Sin embargo, también sabía que, al igual que ella, él tenía un trabajo estresante.

La semana siguiente, Adriana recibió la llamada que ella necesitaba. Ella salía de una sala y Ricardo salía de otra. Fue a darle un beso y él alzó la voz. "No puedo creer que me dejes convencer para que conozca a tus amigos.

Perdí este gran caso por eso. Tus amigos son una distracción".

. . .

Él resopló por el pasillo antes de que ella pudiera decir algo.

Gerardo, un abogado de otro bufete, con el que fue a la facultad de derecho, se acercó a ella. "¿Estás bien?" preguntó. Adriana asintió. "Sí, bueno, él solo está estresado". Gerardo negó con la cabeza. "No, lo siento, sé que esto no es asunto mío, pero ese no es un hombre que esté estresado. Es verbalmente abusivo". "No lo entiendes", dijo Adriana.

"Sí", dijo Gerardo. "Mi hermana salió con un tipo como él".

Metió la mano en su bolsillo. "Escucha, si alguna vez quieres saber cómo es salir con un buen chico, llámame". Él le entregó su tarjeta de presentación y le dio un apretón en el hombro "Te veo luego".

Adriana volvió a la oficina para pensarlo todo. ¿Podría Gerardo tener razón? ¿Era eso lo que sus amigos también estaban tratando de decir? No quería dejar a Ricardo. Odiaba estar soltera. Sin embargo, no le gustaba que él levantara la voz y le hablara mal constantemente. Sin embargo, tenía miedo de romper con él. Fue entonces cuando se dio cuenta de que realmente había un problema. Ella no debería tener miedo de romper con alguien. Solo tenía que descubrir cómo hacerlo con cuidado.

. . .

Adriana decidió llamar a uno de sus amigos cercanos para ver si podía mudarse temporalmente. Cuando su amiga se enteró de que Adriana iba a dejar a Ricardo, estuvo feliz de ayudar. También sugirió que Adriana rompiera con él en público para no correr el riesgo de que la lastimaran.

Adriana llamó a Ricardo y le pidió que la encontrara en un restaurante justo después del trabajo. Ella dijo que era para tomar algo y hablar. El aceptó.

Se sentó en la barra junto a ella y le dijo "¡Hola! ¿Qué tal?" Adriana frunció el ceño y respiró hondo. "Necesitamos terminar la relación. Ya no creo que sea una relación sana."

"Absolutamente no dijo Ryan", cada vez más fuerte de lo necesario. "¿Discúlpame?" preguntó Adriana. "No. No nos vamos a separar", dijo Ricardo aún más fuerte esta vez. Adriana negó con la cabeza. "No es solo tu decisión. Esto es parte del problema".

"Esto es ridículo. Estás escuchando a tus amigos en lugar de a tu corazón. Me amas", dijo Ricardo.

Adriana volvió a negar con la cabeza. "No sé qué decir. Esto está terminando. Trabajaré para sacar todo del apartamento mañana".

. . .

Cuando Ricardo comenzó a gritar más fuerte que ella no se mudaría, el cantinero le pidió que se fuera. "Este no es el lugar para hacer esto", dijo Adriana. "Piensa en lo que dije. Tal vez podamos hablar en una semana cuando las cosas se calmen".

Ricardo negó con la cabeza y se fue. Adriana se sentó en la barra llorando, casi histéricamente. Le envió un mensaje de texto a un amigo para que viniera a recogerla. Sabía que la ruptura sería difícil, pero no sabía que sería tan difícil.

Adriana esperó hasta saber que Ricardo estaría en el trabajo al día siguiente. Entró en el apartamento y limpió sus cosas. Luego cerró la puerta detrás de ella, feliz de haber terminado con este capítulo de su vida.

La siguiente vez que Adriana vio a Ricardo fue en la sala de un tribunal. Ella le había dado la llave de su apartamento a su hermana, Abril. No pasó mucho tiempo después de que se enteró de que Ricardo había aceptado un trabajo en el condado de al lado, donde probablemente encontró otra víctima.

COMENTARIOS DE LA RELACIÓN

. . .

Ricardo era un matón. Si bien nunca golpeó a Adriana, gobernó la relación con miedo. Ella también trabajaba con él, por lo que tenía miedo de terminar la relación de mala manera.

Hubo varias ocasiones en las que Adriana sintió que tenía que andar con pies de plomo con Ricardo porque no quería que la sermonearan. Él siempre sintió que sabía más, sobre todo, lo que incluía los mejores lugares para vacacionar, política y vino.

Adriana no quería una discusión, así que dejó las cosas rápidamente. Sin embargo, al hacerlo, también permitió que Ricardo se saliera con la suya.

Muchos escenarios mostraron cómo Ricardo era realmente abusivo:

- Él le dijo que ella no era lo suficientemente madura para tener la misma opinión política que él.
- Él la llamó torpe.
- La identificaron como amateur cuando dijo que no le gustaba el vino tinto.
- Él la culpó cuando sus casos no salieron bien.
- Ninguno de sus muebles eran lo suficientemente buenos para estar en su casa.
- Él le dijo que se arrepentiría de romper con él.

Hubo momentos en los que fue verbalmente abusivo y Adriana le llamó la atención. Ahí es cuando él decía: "Estoy bromeando", como una forma de ayudarla a olvidarse de eso.

Sin embargo, ese tipo de tácticas son comunes entre los acosadores. Piensan que pueden decir lo que quieran siempre y cuando digan que están bromeando después. Bromeando o no, ese tipo de comentarios duelen.

Los amigos de Adriana notaron que su comportamiento había cambiado negativamente después de salir con Ricardo. Ya no estaba tan segura de sí misma como antes porque Ricardo le hizo cuestionar su valor. Ricard la hizo sentir como si sus opiniones no importaran. Por eso reservó la posada en Cancún en lugar de ir Acapulco. Ordenó lo que quería que ella tuviera en lugar de preguntarle qué quería. Esto fue evidente en la primera cita cuando pidió la bebida de la casa y nuevamente cuando pidió el vino tinto.

Adriana puso muchas excusas para explicar el abuso verbal. Ella le echó la culpa a él por estar estresado. El problema con esto es que las personas que están estresadas pueden demostrarlo un poco pero aun así deben ser respetuosas. Y los comentarios de Ricardo eran todo menos respetuosos.

. . .

Si bien Ricardo amaba a Adriana a su manera, no era una relación equilibrada. Se trataba de controlar.

Las relaciones saludables tienen que ver con el compromiso.

Hay momentos en que habrá desacuerdos. Sin embargo, es la capacidad de compromiso de la pareja lo que puede ser el punto decisivo. Si una persona es la que hace todo el compromiso y la otra se sale con la suya todo el tiempo, la relación se desequilibra. En algún momento, la persona que siempre se compromete pierde quién es.

Adriana se tomó el tiempo para comunicarse con sus amigos. Sabía que necesitaba ayuda para terminar las cosas con Ricardo. Uno la ayudó a sacar sus cosas de su apartamento cuando él todavía estaba en el trabajo. Luego, estaban en el bar, en una mesa detrás de ella, cuando se reunió con Ricardo para terminar. Gritó y creó una escena. La amenazó con hacerle pagar y le dijo que estaba arruinando su imagen y la de ella. Fue entonces cuando sus amigos intervinieron. Le dijeron que retrocediera o serían testigos de que Adriana consiguiera una orden de restricción en su contra.

Adriana tuvo que dar algunas explicaciones al día siguiente cuando le dijo a su bufete de abogados que no quería estar en ningún caso con Ricardo, a pesar de que ya no estaban saliendo. Después de explicar por qué, ellos entendieron y honraron sus deseos. Se mudó con uno de sus amigos hasta que pudo conseguir un nuevo apartamento.

Adriana tuvo que empezar de cero, pero al final valió la pena. Sabía que no quería vivir con miedo de la persona con la que estaba saliendo. También sabía que tenía que tener a sus amigos allí como sistema de apoyo.

Adriana también asistió a una consejería de salud mental para poder entender que no fue su culpa. Ricardo la había desgastado con su juicio, criticando y socavando que ya no sabía cuál era su autoestima. Ricardo era muy bueno acusando y culpando. Después de algunas sesiones con un consejero, se dio cuenta de que había sido víctima de abuso verbal y que él era responsable de lo que le pasó, no ella.

Los acosadores normalmente no cambian. También toman muchas formas. Pueden ser física o verbalmente abusivos. Pueden comenzar como el tipo más agradable que existe. Con el tiempo, mostrarán sus verdaderos colores y manipularán las situaciones para salirse con la suya.

Cuando estás saliendo con un acosador, tienes que saber qué buscar. A menudo, son tus amigos quienes notan las diferencias en su comportamiento. Sin la ayuda de un sistema de apoyo, podrías terminar estando con una persona así durante años. La persona inventa excusas por su comportamiento. No quieres dejar la relación porque no crees que puedas hacerlo mejor.

Cuando sus vidas están entrelazadas, también es más difícil actuar, porque no quieres causar una gran interrupción. Al final, los acosadores siempre van a ser acosadores. Terminar con ellos te permitirá ser más estable mentalmente y sentirte más seguro en todos los aspectos de tu vida.

6

Romper Es Difícil

Romper es a menudo la forma más fácil y saludable de seguir adelante. Si no terminas, tendrás que enfrentarte constantemente a estar con alguien que no es adecuado para ti. Recuerda, las citas son una herramienta que se utiliza para ayudarte a determinar si son "adecuados" para ti en términos de ser una pareja potencial para toda la vida. Si descubres que una persona es narcisista, aprovechada o acosadora, no te proporcionará lo que necesitas para un noviazgo sano.

Romper te permitirá recuperar tu vida. Podrás aprender de tus errores del pasado y asegurarte de que eres libre cuando aparezca la persona adecuada.

Antes de que puedas decir que realmente quieres romper, tienes que hacer un poco de autorreflexión. Esto a menudo implica averiguar porque la persona es mala para ti y porque es tiempo de romper la relación.

¿POR QUÉ CIERTOS PERSONAJES NO HACEN BUENA PAREJA?

Adriana tuvo que aprender por las malas que los narcisistas, los aprovechados y los matones no son buenos compañeros. Sin embargo, debido a que salió con ellos, aprendió a detectar sus comportamientos. Las citas le permitieron saber con quién quería estar y con quién no. Cada relación le enseñó algo más que buscar para no conformarse con la relación equivocada.

EL PROBLEMA CON LOS NARCISISTAS

Los narcisistas no son buenos compañeros porque están demasiado centrados en sí mismos. Todo lo que hacen es para ayudarse a verse bien. Es difícil estar en una relación con un narcisista porque nunca serás el primero. Tampoco siempre es fácil darte cuenta de que estás en una relación con una persona de este tipo. Pueden beber y cenar contigo, pero todo es un esfuerzo por llamar la atención sobre ellos mismos. Pueden hacer comentarios a sus amigos o compañeros de trabajo como: "Mira lo bien que trato a mi novia".

. . .

Con Adriana y Oscar, por ejemplo, Oscar la llevó en avión a Nueva York y Los Ángeles. Hizo esto para asegurarse de tener siempre a su mayor admiradora cerca.

Quedarte con ellos significa tener que renunciar a una parte de uno mismo. Tienes que decidir si esto es algo que realmente quieres.

Si bien los narcisistas son capaces de amar, es un tipo de amor muy diferente. Nunca te darán prioridad porque no está en su naturaleza. Esto significa que tienes que aprender a vivir siendo el número dos.

Cuando rompes con un narcisista, es posible que no se lleve bien la ruptura porque, en esencia, estás diciendo que no son tan importantes como creen que son. También pierden a su fan número uno. Al final, sin embargo, les irá bien porque tienen un ego lo suficientemente grande como para manejarlo.

Encontrarán a alguien más que sea su fan porque eso es lo que hacen.

Con Oscar, la ruptura transcurrió relativamente bien. No luchó porque estaba concentrado en su imagen. Estaba seguro de que tendría otra novia para reemplazar a Adriana en poco tiempo.

· · ·

EL PROBLEMA DE LOS APROVECHADOS

Los aprovechados son aquellos que no saben cómo cuidarse a sí mismos o sienten que alguien más debería hacerlo por ellos.

Algunos aprovechados continúan viviendo con sus padres hasta bien entrados los veinte años sin ahorrar dinero para mudarse.

Algunos otros saltan del sofá de un amigo al sofá de un amigo. Cuando sales con un aprovechado, lo habilitas.

Al permanecer con alguien así, continúas apoyándolo. Si bien es importante ser un apoyo para tu pareja, no debe ser unilateral. No debes ser responsable de apoyarlos financieramente, especialmente en las primeras etapas de la relación. Si tu o tu pareja eligen ser padres que se quedan en casa, por ejemplo, más adelante en la relación, eso es diferente. Estás eligiendo que una persona te apoye mientras que la otra persona te apoye de una manera diferente. Todavía hay un equilibrio de responsabilidad.

Cuando rompes con un aprovechado, pueden volverse manipuladores o suplicantes. Si bien es posible que te extrañen, lo primero que piensan es cómo van a recibir apoyo.

No quieren perder su ticket de comida. Un descanso limpio te permitirá alejarte. No es tu responsabilidad apoyar a nadie, así que no te sientas culpable por tus acciones.

Jorge era manipulador. Necesitaba que Adriana lo apoyara, así que hizo lo que pudo para quedarse. La única forma en que funcionó fue que Adriana se mantuvo fuerte para asegurarse de que se separaran.

EL PROBLEMA CON LOS MATONES

El problema con un matón o acosador es que no empieza como un acosador.

Pueden ser el tipo más agradable al principio, si no un poco demasiado confiados. Sin embargo, a medida que se sienten más cómodos en la relación, comienzan a controlarte.

Hacen esto para darse más poder.

El abuso no siempre es físico. De hecho, la mayoría de las veces no lo es. Acusan y culpan. Disfrazan el abuso verbal como bromas. Descuentan lo que uno dice. Socavan lo que dices, banalizan lo que haces y cómo te vistes, y amenazan cuando haces algo por tu cuenta. Al final, uno se da cuenta de que vive constantemente con miedo a lo que dirá o hará tu pareja, y esa no es forma de vivir tu vida.

Cuando rompes con un acosador, es posible que sienta que lo amenaces porque irse significa que pierde su poder sobre ti. Pueden volverse violentos, suplicar, prometer que cambiarán su forma de ser o manipularte para que te quedes. Debido a la naturaleza controladora de los acosadores, es mejor elegir un lugar donde te sientas seguro.

Ricardo, por ejemplo, solo gritó. Afortunadamente, Adriana había elegido un lugar público para la ruptura. Incluso entonces, Ricardo alzó tanto la voz que el cantinero tuvo que recordarle que bajara la voz. Adriana también le dijo que podrían volver a hablar en unos días, lo que permitiría un período de "enfriamiento".

Si sientes que podría volverse violento, ten amigos cerca para que te brinden apoyo moral (y protección).

¿CÓMO SABER CUÁNDO ES MOMENTO DE RENUNCIAR?

No siempre es fácil saber cuándo renunciar. Algunas relaciones se prolongan durante años más de lo debido porque una persona no se da cuenta de que está con la persona equivocada, le pone excusas o simplemente no quiere volver a enfrentarse a la vida de soltero. Tan pronto como sepas que la persona no es adecuada para ti, es hora de terminar la relación. Permanecer en una relación que no los hace felices no les ayudará a ninguno de los dos a largo plazo.

Todo puede ir bien durante mucho tiempo. Entonces algo cambia. Son estos cambios los que hay que tener en cuenta.

Puede ser que una persona sienta que tiene que controlarte ya que no puede controlar nada más en su vida. Es posible que se den cuenta de que es más fácil sentarse y dejar que tú los apoyes en lugar de volver a buscar trabajo. Tienes que tener cuidado de no permitirte ser un felpudo en un esfuerzo por sentirte amado.

Es fácil inventar excusas para una pareja. En algunos casos, está justificado al hacer esto. Han tenido un día largo, así que estaban un poco malhumorados. Recibieron malas noticias antes y no querían recibir más malas noticias de ti.

Querían que todo saliera a la perfección y eran un poco hipercríticos con lo que hacías o con lo que te ponías. Estos están bien en ciertos escenarios. Sin embargo, si se convierten en la norma, debes darte cuenta de esto. También tienes que darte cuenta de que te mereces algo mejor.

. . .

Vivimos en una sociedad donde la gente pregunta si estás saliendo o estás casado. A menudo, es más fácil estar en una relación porque tienes a alguien en quien apoyarte. Tienes a alguien que será tu 'más uno' en varios escenarios. No tienes que preocuparte por presentarte solo en situaciones sociales porque tienes a tu pareja para que te acompañe.

Incluso si las cosas no son perfectas, te haces creer a ti mismo que es mejor estar en una relación que estar soltero. A muchas personas en realidad no les gusta tener citas. Como resultado, se asocian y se quedan con alguien por obligación o porque se sienten cómodos.

Podrías pasar años de esta manera. Entonces mira dónde estás. Estás en una relación con una persona a la que no ves casándose y con la que nunca podrías imaginar tener hijos. ¿Ahora qué? Has desperdiciado años en una relación en la que simplemente estabas muy cómodo como para irte. Tuviste algunos momentos felices con ellos, pero nunca fuiste realmente feliz.

Renunciar es difícil porque requiere que salgas de tu zona de confort. Es posible que no desees hacer esto por una razón u otra. Sin embargo, tienes que reunir toda tu energía para hacerlo porque al final te hará más feliz.

Hay algunas formas seguras de saber que es hora de dejarlo:

- Todos tus amigos están señalando fallas en la relación.
- No te sientes tú mismo cuando estás con esa persona.
- Has tenido que renunciar a cosas que amas.
- Te ha avergonzado con su comportamiento extremo en más de una ocasión.
- Se aprovecha de tu generosidad.

También hay muchos otros ejemplos. Al final, tienes que ir con tu instinto. ¿Alguna vez has pensado, "¿Qué estoy haciendo con esa persona?" Si es así, entonces necesitas terminar las cosas porque solo estás retrasando lo inevitable.

Recuerda que todo es cuestión de equilibrio. Si una persona no te equilibra, no es una pareja adecuada para ti. Si sientes que toda la atención está siempre en ellos o que toda la responsabilidad está siempre en ti, hay un problema con el equilibrio. Esa es toda la razón por la que necesitas alejarte. Si ni siquiera pueden equilibrar las cosas mientras están saliendo, ¿qué esperanza tienes de que mejore cuando estén casados?

Es mejor pensar en las citas como un período de prueba. Al final del período de prueba, puedes elegir decir "Sí, quiero esto" o "No, prefiero no hacerlo". No hay una respuesta correcta. Algunas personas dirán que sí y algunas personas dirán que no. Es su elección. Si no te gusta la persona con la que estás saliendo, no tienes la obligación de quedarte.

. . .

No tienes que casarte con ellos. Puedes devolverlos al grupo de citas y seguir adelante. Puedes usar estos escenarios de citas para aprender de tus errores pasados. Esto hará que sea más fácil encontrar lo que buscas.

Te mereces ser feliz. Terminar con un narcisista, un aprovechado o un matón te hará feliz. Puede que no lo parezca de inmediato porque has salido de tu zona de confort. Te encontrarás en el grupo de citas, soltero y solo. Puede que no sea fácil. Sin embargo, no estarás emparejado con alguien que no valore tus opiniones o se moleste por lo que dices o piensas.

Puedes ser libre de ser tú sin que nadie te juzgue.

Al liberarte de una pareja que no ofrece nada, puedes seguir adelante y salir con alguien que pueda ofrecerte algo. Cuando finalmente encuentres a la persona adecuada, todo encajará. Puedes sentir que puedes decir o hacer cualquier cosa sin ser juzgado. Esto es lo que tienes que recordar que la estás esperando. Tan pronto como rompes con la persona equivocada, tienes la capacidad de encontrar el amor verdadero. Este hecho por sí solo debería motivarte.

. . .

No es fácil, pero hay que hacerlo. Una vez que sepas que no son adecuados para ti, puede ser extremadamente liberador. Puedes liberar la carga que te ha estado pesando para que puedas comenzar a sentirte como 'tú' nuevamente.

CONSEJOS PARA HACER UNA SEPARACIÓN MÁS FÁCIL

Romper es difícil. Es más fácil romper con algunas personas que con otras. Lo importante es que te mantengas fuerte y sigas adelante con tus planes. Para evitar que te repliquen en una relación, hay algunos consejos que te ayudarán. De esta manera, puedes salir de la relación de la forma menos dolorosa posible.

Tener un sistema de apoyo en tu lugar. Pueden ser amigos que estarán allí durante la ruptura o un amigo cercano con el que puedas mudarte temporalmente para salir de la mala situación.

- Haz una lista de pros y contras de por qué estás en la relación. Los contras superarán a los pros, lo que te servirá como recordatorio de por qué las cosas deben terminar.
- Rompe con la persona en un lugar público. Nunca se sabe cómo reaccionará una persona cuando elijas romper con ella. Al elegir un lugar

público, tienes testigos. Eso te protege en caso de que la persona se ponga ruidosa o violenta.
- Establece una estrategia de salida para que puedas hacer la ruptura lo más limpia posible. Esto es especialmente importante si vives con la persona o los dos trabajan juntos.
- Hazlo lo más rápido posible. No hay necesidad de extender la ruptura más de lo necesario. Hazles saber que las cosas han terminado. No tienes que dar ningún tipo de razonamiento sobre por qué las cosas están terminando a menos que elijas hacerlo.

Piensa en cómo quieres que rompan contigo. No hay necesidad de ser malo o brutal sobre la forma en que rompe con alguien. Los amaba lo suficiente como para estar con ellos, así que debes amarlos lo suficiente como para terminar las cosas de manera civilizada. Aunque es posible que no sean adecuados para ti, es mejor romper con ellos de una manera que les proporcione a ambos un cierre.

El cierre se trata de permitir que ambos tengan las herramientas para avanzar hacia relaciones saludables más adelante. Si sientes que algo estuvo incompleto sobre una ruptura o que no se dijeron las cosas, puede causar dudas cuando quieras seguir adelante.

Elige un lugar para que suceda la ruptura. Es mejor hacerlo en un lugar que funcione para ustedes dos. Si tienes miedo de que sea emocional, elige un lugar donde los dos puedan llorar y abrazarse. Si tienes miedo de que sea violento, elige un lugar público. Si bien debes priorizar tu seguridad, también debes recordar que romper con alguien es una prueba privada. No los invites a tu casa para romper con ellos, ya que no te permitirá escapar cuando estés listo para irse.

Antes de entrar en el escenario en el que vas a romper con la persona, piensa en lo que quieres. Recuerda que estás rompiendo con ellos porque quieres una vida mejor. Piensa en su línea de apertura y cómo va a comenzar la conversación.

La conversación debe ser cara a cara. Es lo decente que se puede hacer.
No hay necesidad de engañar a alguien o enviarle un mensaje de texto. No querrás que te rompan de esa manera, así que no seas la persona indicada para hacerlo.

Dale a ambos un cierre. Se directo sin ser malo. Explícale que quieres terminar. Proporciona una razón o dos. Si la persona comienza a exigir respuestas, puedes elegir decirle tanto o tan poco como quiera. Al final, no le debes a la persona un análisis detallado de todas las razones por las que quieres terminar.

. . .

Este es el caso independientemente de cuánto tiempo hayas estado con ellos.

Si los dos viven juntos, ten una estrategia de salida antes de romper. Esta es a menudo la razón por la cual las personas permanecen en una relación más de lo que deberían. Es difícil llegar a las finanzas para mudarse. También es difícil dar ese paso para dividir todo. Pregúntale a un familiar o amigo si puedes quedarte con ellos durante algunas semanas hasta que te recuperes. Si comparten las finanzas, busca formas en las que puedas concentrarte en tu libertad financiera en las semanas previas a tu ruptura.

En algunos casos, debes tomarte una semana o dos para crear una estrategia de salida antes de poder romper con la persona.

Tómate este tiempo para que sea más fácil hacerlo realidad.

Sin embargo, no te concentres tanto en la salida, no dejes que te consuma.

Si la estrategia de salida te lleva un año, solo estás retrasando lo inevitable. Será más doloroso para ambos de esta manera. Sal lo más rápido posible, incluso si eso significa tener que regresar a casa temporalmente.

· · ·

Si trabajan juntos, piensen en encontrar un nuevo trabajo. Si simplemente no puedes encontrar otro trabajo, habla con el líder. Esto les permitirá conocer el problema para que estén al tanto de si aumenta o cuando aumentará la tensión.

Una vez que anuncie que vas a romper con ellos, prepárese para muchas emociones. Aunque sabe que romper con ellos es lo correcto, está cerrando un capítulo de su vida. Es posible que llore y sienta que está cometiendo un error. Compartió una parte de su vida con esta persona. Es comprensible sentirte triste. Sin embargo, no confundas la tristeza con arrepentimiento. Estás rompiendo con la persona por una razón.

Deja que la otra persona también se emocione. Pueden llorar, exigir respuestas o cerrarse por completo. Puede que no haya forma de saber cómo van a procesar la información. Permíteles sufrir a su manera, incluso si eso significa irte una vez que hayas compartido lo que deseas compartir. Una vez que se recomponen, pueden acercarse a ti para hablar sobre las cosas.

En algunos casos, esta 'charla' puede ocurrir varios meses después de la ruptura.

· · ·

Todo se reduce a terminar las cosas de una manera que funcione para ambos. Elige tus palabras con cuidado para que seas directa y explicativa. Es necesario darles a ambos el cierre para seguir adelante. Te permitirá atar las cosas correctamente para que no sientas que tienes los restos de una relación pasada colgando sobre ti durante meses o incluso años después de la ruptura.

Tampoco hay necesidad de precipitarte en otra relación una vez que hayas terminado con esta. Usa tu tiempo de soltería como una forma de sanación. Reflexiona un poco sobre ti mismo para descubrir qué salió mal, por qué salió mal y qué podrías haber hecho de manera diferente. También puedes considerar hacer una cita con un consejero de relaciones.

Pueden ayudarte a hacer el duelo por la pérdida de la relación y al mismo tiempo ayudarte a ver que hizo lo correcto al salir cuando lo hiciste.

7

Adriana Es Feliz Para Siempre

Adriana no ha tenido un momento fácil en lo que respecta al amor. Tuvo que aprender por las malas saliendo con un narcisista, un aprovechado y un matón. Sin embargo, a medida que terminaba cada relación, aprendía más sobre sí misma y el mundo que la rodeaba. Las angustias le dolieron, pero pudo seguir adelante.

Ahora es el momento de que Adriana consiga su felicidad para siempre encontrando una relación positiva en la que su pareja la vea como una igual en lugar de alguien de quien pueda aprovecharse de una forma u otra.

PERFIL: GERARDO Y ADRIANA

. . .

Adriana tuvo que pasar algún tiempo viviendo la vida de soltera por un tiempo. Tuvo algunos altibajos emocionales como resultado de no querer tener otra mala relación.

Después de pasar unos tres meses reuniéndose con un consejero de relaciones, tuvo una mejor idea de quién era y qué quería en un posible esposo.

Casi se había olvidado de la tarjeta que había puesto en su bolsillo. La que le pertenecía a Gerardo. Él se la había entregado un día en el juzgado. No podía entender por qué decidió quedársela, pero lo hizo. La guardó en su tocador y finalmente la recogió. Tocó el borde de la tarjeta y tomó la decisión de llamarlo.

¿Qué debería decir? Nunca fue el tipo directo de chica que toma la iniciativa. Quizás, aunque podría serlo. Cogió su teléfono y marcó el número. Sonó dos veces. "¿Hola?"

"¿Hola, Gerardo?" preguntó Adriana, no del todo segura de que fuera él.

"Este es él, ¿quién está llamando?" preguntó. Adriana rió levemente, sus nervios sacando lo mejor de ella. "Es Adriana. Fuimos juntos a la facultad de derecho y..."

"Sé quién eres, Adriana", dijo Gerardo. "¿Cómo estás?"

. . .

"Estoy bien. Yo, bueno, encontré la tarjeta que me diste hace unos meses", dijo Adriana.

Gerardo sonrió. "Me preguntaba si alguna vez ibas a llamar. ¿Te gustaría ir por unas bebidas esta noche y ponerte al día?" "Realmente me gustaría eso." "Genial. ¿Quieres reunirte en el bar que está justo enfrente del juzgado? ¿Alrededor de las seis?" preguntó Gerardo.

"Suena genial. Te veré entonces", dijo Adriana y colgó el teléfono con una sonrisa en su rostro.

Al día siguiente, Adriana se aseguró de lucir muy bien para la corte. Algunos de sus amigos comentaron, preguntando cuál era la ocasión. Ella levantó la mano y solo dijo que se encontraría con un amigo para tomar algo. Cuando presionaron para obtener detalles, ella les dijo que no era nada. Aunque siempre le había gustado Gerardo en la escuela, no sabía mucho sobre él. No estaba lista para meterse en nada serio. Si había algo que había aprendido de sus relaciones pasadas era que necesitaba ser un poco más cuidadosa con su corazón.

El día pasó volando y, antes de darse cuenta, estaba cruzando la calle para ir al bar. Gerardo estaba de pie en la entrada.

. . .

"Te ves muy bien", sonrió y sostuvo la puerta abierta para ella. "Gracias", dijo ella.

"Entonces, ¿debo asumir que ya no estás con ese fiscal?" preguntó Gerardo una vez que se acomodaron en el bar. Ella sacudió su cabeza. "No. Eso terminó hace meses."

"Me alegra escucharlo. Siempre fue un poco ególatra en la sala del tribunal, así que no puedo imaginar por lo que pasaste".

Gerardo notó que Adriana se movía en su taburete de la barra, obviamente incómoda con el tema. "De todos modos, ¿cómo has estado? Estás en una muy buena empresa".

Adriana sonrió. "Me ha ido muy bien. Tomé un crucero el año pasado con mis amigas. Fue tan divertido que quiero volver a ir. Solo necesito encontrar tiempo en esta agenda tan apretada".

Gerardo asintió. "Lo entiendo completamente. No he tenido la oportunidad de irme de vacaciones por un tiempo. Sin embargo, estoy disfrutando el trabajo que hago".

. . .

"Yo también. Es agradable ayudar a los demás. Sin embargo, la sala del tribunal puede ser un poco intimidante a veces", admitió Adriana.

"Escuché eso. Escucha, ¿por qué no tomamos una mesa en el comedor? No será tan ruidoso y también podemos comer algo. Podemos continuar nuestras conversaciones con un poco más de privacidad". sugirió Gerardo.

"Muéstrame el camino", dijo Adriana, recogiendo su vaso.

Todo sobre la cita fue natural, la conversación fluyó, con cada uno de ellos había la oportunidad de compartir sobre lo que estaba sucediendo en el trabajo y personalmente. Cuando llegó la cuenta, Adriana se encontraba conteniendo la respiración por un momento.

Gerardo se encargó de la cuenta y se rió entre dientes. "¿Por qué te ves aliviada?"

Adriana se echó a reír. "Yo, bueno, salí con un chico que olvidó su billetera en nuestra primera cita".

"Oh, no, no lo hizo", dijo Gerardo, sorprendido. Adriana asintió con la cabeza. "Sí, eso marcó la pauta para el resto de la relación".

Gerardo negó con la cabeza. "Bueno, eso no es algo de lo que tengas que preocuparte conmigo. Soy perfectamente capaz de pagar la cuenta cuando salimos. Hablando de eso", sonrió, "¿te gustaría salir este fin de semana? Mi hermana está en una obra en el teatro local. Le prometí que iría a apoyarla la noche del estreno".

"¿En serio? Absolutamente. Me encantaría ir", dijo Adriana.

El resto de la semana fue bien en el trabajo. Adriana pasaba casi una hora al teléfono con Gerardo todas las noches.

Se sentaban mientras miraban un programa en sus apartamentos mientras hablaban de lo que estaba pasando. Fue una noche divertida mientras disfrutaban de su privacidad al mismo tiempo.

Cuando llegó el sábado, Adriana estaba más que emocionada de volver a ver a Gerardo. Él vendría alrededor de las cuatro para recogerla. El espectáculo era a las cinco y él le dijo que tenía reservas para la cena a las ocho.

. . .

Adriana tenía puesto un vestido floreado de primavera y estaba poniéndose las sandalias cuando sonó el timbre de la puerta.

"Hola, hermosa", Gerardo sonrió y le dio a Adriana un beso en la mejilla. Ella no pudo evitar sonrojarse.

Gerardo mantuvo abierta la puerta del apartamento. Cerró la puerta con llave y subieron juntos las escaleras. Luego sostuvo abierta la puerta de su convertible y se aseguró de que ella estuviera dentro y cómoda antes de cerrarla. "¿Estás listo?" preguntó.

Adriana asintió. "Listo."

Mientras Gerardo conducía hacia el teatro, habló. "Ahora, no puedo prometer lo bueno que será este espectáculo. En realidad, es un montaje de diferentes obras de Shakespeare.

Es un proyecto de teatro comunitario en el que mi hermana Sara ha estado involucrada durante algunos años. Le encanta, así que siempre estoy a favor de apoyarla".

Adriana se rió. "Estoy seguro de que será genial. Amo a Shakespeare. También es genial que apoyes tanto a tu hermana. ¿Tienes otros hermanos?".

"No, ella es la única. Tiene tres años menos que yo, así que crecí siendo muy protector con ella. La familia es importante para mí", explicó.

Adriana frunció el ceño. "No soy muy unida a mis padres. Ellos siempre están ocupados con otras cosas. Se divorciaron cuando tenía 10 años. Uno vive en un lado y el otro vive al otro lado de la ciudad."

"Entonces, ¿Decidiste vivir justo en la mitad?" dijo Gerardo.

Adriana se rió. "Si, fue más fácil que escoger un lado. Literal."

Gerardo se detuvo en un lugar de estacionamiento y corrió para abrir la puerta de Adriana. El hecho de que él estaba siendo tan caballeroso no se le pasó por alto. Ella le agradeció de nuevo.

Mientras entraban al teatro, Gerardo entrelazó sus dedos con los de ella. Él le apretó un poco la mano tan pronto como vio a su hermana corriendo hacia ellos. "Estás aquí.

¡Y debes ser Adriana!" Sara sonrió y se acercó para recibir un abrazo de Gerardo y Adriana.

Adriana le devolvió el abrazo. "Encantado de conocerte. Estoy emocionado de ver el programa. Gerardo dice que eres una gran actriz".

"Dudo que haya dicho eso, pero eres dulce. Tengo que volver, así que los veré después del espectáculo", dijo Sara y corrió de regreso a la entrada lateral.

"Ella es la extrovertida de la familia", se rió Gerardo y guió a Adriana a sus asientos.

La obra estuvo genial. Adriana no pudo evitar sonreír ante la forma en que Gerardo aplaudía furiosamente después de cada una de las actuaciones de su hermana. Ella realmente era talentosa. Pasar la noche allí fue de lo más divertido que Adriana había tenido en mucho tiempo. Saber que el brazo de Gerardo estuvo alrededor de su hombro la mayor parte de la noche también fue agradable.

Después, Gerardo le dejó un ramo de flores a su hermana. Luego, él y Adriana se fueron a cenar a un restaurante.

. . .

"Entonces, quería preguntarte algo", dijo Adriana, tomando un sorbo de su bebida en la mesa. Gerardo sonrió. "Okey."

"Bueno, ahora que conocí a tu hermana, quería preguntarte qué quisiste decir el día que te vi en el juzgado. Ya sabes, cuando me dijiste que tu hermana había salido con un tipo así", dijo Adriana.

Gerardo se movió en su cabina. "Sí, olvidé que te dije eso. Es solo que ella salió con un chico realmente controlador durante casi dos años. Él fue emocionalmente abusivo con ella. Hacia el final, también se volvió físico".

"¿Ella está fuera de la relación ahora?" preguntó Adriana.

Gerardo asintió. "Sí. La ayudé a salir de eso. Ahora siempre estoy al pendiente para asegurarme de que mis amigos no caigan en ese tipo de situación. Cuando vi lo fácil que fue para mi hermana, supe que probablemente tú te darías cuenta de en qué te estabas metiendo."

Adriana asintió, pero no dijo nada de inmediato "Tomó un tiempo. Ya estaba comenzando a tener mis dudas antes de que dijeras nada. Sin embargo, tus palabras definitivamente dieron en el fondo".

. . .

"Bueno, al final todo salió bien. Después de todo, estoy sentado frente a ti y él no". Gerardo dijo con un guiño.

Adriana sonrió. "Y estoy tan contenta de que lo estés".

"No te preocupes, yo también he tenido una buena cantidad de malas relaciones", dijo Gerardo.

"¿Oh?" Adriana estaba interesada pero no quería entrometerse si él no quería contar esa información todavía.

Gerardo asintió. "Después de un año de salir con una mujer, fui fantasma. Ella se mudó por todo el país y pensó que era más fácil engañarme que tener una conversación. Luego estaba la mujer que quería que le comprara todo y la llevara a todas partes. Creo que solo me estaba usando por mi dinero cuando descubrió que era abogado".

Adriana sonrió. "¿Aprovechada? Estoy muy familiarizada con esa". Gerardo se rió. "Sí, tener citas no siempre es lo más fácil de hacer".

Ambos estuvieron de acuerdo. Después de esa cena, fue muy fácil para Gerardo y Adriana estar juntos. Tenían mucho en común y las conversaciones siempre fluían entre ellos. Nunca hubo un silencio incómodo.

. . .

Antes de que Adriana se diera cuenta, la empresa estaba dejando una invitación para una fiesta en su escritorio. Sintió un nudo en la garganta porque el año pasado se fue con Ricardo. Sin embargo, ella sabía que Gerardo era muy diferente.

Ella lo llamó para invitarlo a su fiesta. Estuvo de acuerdo con la condición de que ella fuera a la suya, que era la noche siguiente.

Adriana no pudo evitar sonreír mientras se ponía el vestido rojo y los zapatos plateados. Gerardo la recogería para la fiesta navideña en poco tiempo. Llamaron a la puerta y él estaba parado allí con un traje y un chaleco rojo festivo.

"Te ves muy bien", sonrió. "Tú también", dijo Gerardo.

Mientras los dos conducían a la fiesta navideña, Gerardo habló. "¿Hay algo que deba saber sobre tu firma?" "¿Qué quieres decir?" preguntó Adriana.

"Cada empresa tiene sus peculiaridades. Has estado ahí desde hace más de un año, así que me gustaría saber en lo que me estoy metiendo", dijo Gerardo.

. . .

Adriana asintió, entendiendo de qué estaba hablando. "A la empresa le gusta ver con quién se presenta la gente. Les ayuda a decidir quién tiene los conocimientos suficientes para convertirse en socio".

"Y te gustaría hacerte socia, ¿verdad?" preguntó Gerardo. "Por supuesto. ¿Tú no?" preguntó Adriana.

Él asintió. "Por supuesto. Creo que hacemos una gran pareja, así que no debería ser un problema".

Adriana frunció el ceño. "Otra cosa. El año pasado, llevé al fiscal".

Gerardo asintió de nuevo. "Me lo imaginé. Todo el mundo tendrá que ver que has seguido adelante." Le dio un ligero apretón en la rodilla mientras se detenían en el club de campo donde se estaba celebrando la fiesta. Estaba feliz de que Gerardo entendiera que no tenía el pasado más fácil.

"¿Trajiste al enemigo?" El jefe de Adriana se acercó a ella y a Gerardo cuando entraron. Gerardo se rió. "Es un placer conocerlo, señor." El jefe de Adriana le estrechó la mano. "Este tipo es bueno. Si él es tu cita, vigílalo de cerca. Hemos estado tratando de traerlo a nuestra firma desde hace un tiempo".

. . .

Las cejas de Adriana se dispararon hacia arriba. "¿Ah, de verdad?" Gerardo negó con la cabeza. "Está siendo demasiado amable. Me ofrecieron un trabajo una vez hace más de un año".

"Y lo rechazaste", dijo el jefe de Adriana.

Gerardo se sonrojó. "Eso es porque sé que no permites que los empleados salgan entre ellos. Y he estado pendiente de esta chica durante bastante tiempo".

Las mejillas de Adriana se pusieron rojas. "Nunca me dijiste eso".

El jefe de Adriana se rió entre dientes. "Bueno, elegiste uno bueno. Feliz Navidad", dijo y le dio a Gerardo una fuerte palmadita en el hombro mientras se alejaba para saludar a más personas que entraban.

Adriana no podía dejar de sonreírle a Gerardo. No le había dicho que había estado interesado en ella durante más de un año. Se preguntó si había comenzado en la universidad.

Quería preguntar, pero no quería hacer un gran problema al respecto. Gerardo tomó su mano y la guió a la pista de baile donde algunas otras parejas se deslizaban por ella.

"Supongo que mi secreto está fuera", le susurró Adriana. "Seguro que lo es."

"Estoy enamorado de ti desde la facultad de derecho. Simplemente nunca tuve el coraje de decir nada. Luego, cada vez que quería hacer mi movimiento, escuchaba que estabas involucrada con alguien", explicó Gerardo.

Adriana iba a decir algo, pero Gerardo la interrumpió.

"No me quejo. Me imagino que todo estaba destinado a ser como resultó. Después de todo, estás en mis brazos y bailas conmigo ahora, ¿verdad?"

"Así es", Adriana sonrió y lo besó en la pista de baile.

Al día siguiente, llegó el momento de hacerlo todo de nuevo, solo que en el bufete de abogados de Gerardo. Hicieron su fiesta en el ático del edificio en el que se encontraban.

Gerardo hizo sus rondas, presentando a Adriana a todas las personas con las que trabajaba. Ella estrechó la mano y sonrió.

Algunas personas ya sabían quién era ella solo por estar en el juzgado al mismo tiempo.

Cuando estaban en la pista de baile, Gerardo se acercó. "Me estoy enamorando de ti, Adriana".

Adriana se congeló. ¿Amor? Esa fue una gran palabra. Ya habían estado saliendo unos meses, pero esas palabras la asustaron. "Gracias", dijo ella con una sonrisa.

Él besó su mejilla. "De nada. No quiero que te sientas presionada a decirlo". Él también quiso decir esas palabras.

Estaba dispuesto a tomárselo con calma porque sabía que ella había lidiado con más angustia de la que cualquier chica debería tener que enfrentar.

A Adriana le tomó un mes adicional completo poder decirle las palabras a Gerardo. Después de que ella lo llevó al restaurante donde va al menos un viernes de cada mes para encontrarse con sus amigas, lo dijo en el viaje en auto de vuelta a su apartamento. "Te amo", le dijo a él mientras estaban en un semáforo en rojo.

. . .

Él se volvió hacia ella. "¿De verdad?" "De verdad."

"Bien", sonrió, "porque yo también te amo".

Parecía que eso ayudó a que todo encajara para ellos en todas las formas posibles. La semana siguiente, Adriana tuvo una noticia increíble que quería compartir con Gerardo. "Quiero verte esta noche. No quiero darte mis noticias por teléfono", le dijo.

"¿Puedo ir? Te traeré la cena de tu restaurante chino favorito", ofreció Gerardo.

Cuando tocó con la comida en una mano, Adriana le soltó la noticia. "¡Me hice socia!" Prácticamente estaba bailando con la noticia finalmente.

"¡Cariño, eso es increíble! ¡Estoy tan orgulloso de ti!" Derek dejó la comida, la levantó y la hizo girar, cerrando la puerta de su apartamento en el proceso.

"Estaba un poco nerviosa de decírtelo porque todavía no eres socio de tu empresa", admitió Adriana.

. . .

"No seas ridícula. Quiero que compartas todo conmigo.

Llegaré allí. Si no me equivoco, también fuiste mejor en algunas de las clases de derecho que tomamos. Estoy seguro de que eres solo un poco mejor que yo en la sala del tribunal, también", me guiñó un ojo.

Adriana sonrió. "Eres demasiado amable." "Tonterías. Eres el mejor abogado que existe. Ahora, vamos, comencemos", dijo, abriendo los cartones blancos en el mostrador.

Los siguientes meses fueron muy ocupados para Adriana ya que su número de casos aumentó al ser socia. Gerardo la ayudó, deteniéndose con comida china y pizza cuando podía.

También se detuvo para preguntarle algo importante.

"Oye", dijo una noche durante la cena, "sé que dijiste que no has estado muy cerca de tus padres desde que se divorciaron".

"Sí", dijo ella, preguntándose a qué se refería.

. . .

"Bueno, me preguntaba si tal vez querrías hacer una visita conmigo a cada costa. Tengo un montón de millas que he estado reuniendo en mi cuenta de vuelos. Además, sé que te estás acercando a un tiempo de inactividad", dijo.

Adriana lo pensó por un momento. Había pasado casi un año desde que había visto a su padre. Había visto a su madre alrededor del Día de Acción de Gracias, pero eso fue hace casi cuatro meses. "Está bien, eso suena divertido. ¡Aquí vamos!"

"Genial", sonrió Gerardo. "Yo me encargo de todos los vuelos".

Su mamá fue la primera en la lista. Adriana estaba feliz de poder ver a su madre. Ella era hija única, por lo que compartían un vínculo. El único problema era que el marido de su madre era muy posesivo con su tiempo. Adriana siempre se sintió como si fuera una molestia. Cuando se lo contó a su madre una vez, su madre dijo que estaba siendo ridícula.

El padrastro de Adriana fue quien los recogió a los dos en el aeropuerto. "Estoy tan sorprendida de que esté haciendo el esfuerzo de recogernos", dijo Adriana mientras sacaba su equipaje a la acera para encontrarse con él. Gerardo se encogió de hombros. "Tal vez ha decidido involucrarse un poco más" dijo Adriana.

El camino a la casa fue bastante tranquilo. Sergio, el padrastro de Adriana, habló sobre todas las nuevas construcciones que se están realizando. El y la mamá de Adriana se habían jubilado hace poco tiempo, por lo que se estaban enfocando en encontrar nuevos pasatiempos en el área.

"¿Ambos beben vino?" preguntó. Adriana y Gerardo asintieron.

"Genial. Iremos a algunas bodegas este fin de semana. Será muy divertido", dijo Sergio. Adriana sonrió. Todo iba muy bien.

La mamá de Adriana estaba en casa cuando llegaron. Salió y le dio a Gerardo un gran abrazo. "¡He oído tantas cosas buenas sobre ti!"

"Yo también, señora. Ha criado a una hija increíble", dijo Gerardo.

. . .

"Oh, eres tan dulce como Adriana me había dicho que eras", bromeó su madre.

Una vez que Gerardo y Adriana entraron en la habitación de invitados, Gerardo cerró la puerta. "¿Pensé que habías dicho que no eras cercano a tus padres?"

Adriana se encogió de hombros. "Tal vez la jubilación los haya cambiado. Sin embargo, estoy muy contenta. Amo mucho a mi mamá. Sergio también parece muy diferente".

El resto del fin de semana fue muy bien. Las conversaciones de todos fluyeron, especialmente en las bodegas. Sergio parecía realmente interesado en lo que estaba haciendo Adriana.

Incluso habló en detalle con Gerardo durante la cena. Adriana se preguntó si habría alguna diferencia ahora que estaba fuera de la casa. Ahora que tenía a mamá para él solo todo el tiempo, era suficiente para calmarlo. Adriana no sabía qué era, pero no podría haber estado más emocionada por cómo transcurrió el fin de semana.

Después de otra semana loca en el trabajo, Gerardo y Adriana se fueron al otro lado del país para pasar un largo fin de semana con su padre. Nunca se había vuelto a casar, así que solo estaba él en una casa gigante.

"¡Papá!" Adriana saludó a su padre, que estaba parado al pie de la escalera mecánica cuando ella y Gerardo se dirigían al área de recogida de equipajes. "Hola, cariño. Estoy tan contenta de que hayas decidido venir de visita. Y que trajiste al hombre contigo", dijo, sonriéndole a Gerardo. "Encantado de conocerlo, señor", dijo Gerardo, estrechándole la mano.

El fin de semana se pasó caminando por las montañas, visitando cervecerías y disfrutando de conversaciones en la sala de estar. Adriana notó que hubo algunas ocasiones en las que su padre tenía a Gerardo en una habitación, hablando con él. Cuando presionó a Gerardo para obtener detalles, él dijo que no había nada de qué preocuparse.

En el vuelo a casa, Adriana se reclinó. "Estoy tan feliz en este momento. Visitar a mis padres fue refrescante. Fue agradable pasar tiempo con ellos. Eres la primera persona que he llevado a casa para conocer a mis padres también", admitió.

Gerardo sonrió. "Bueno, eso significa mucho para mí".

. . .

Adriana lo atrapó guiñándole el ojo al encargado del vuelo, quien, a su vez, asintió. Iba a preguntar de qué se trataba cuando Gerardo se puso de pie y metió la mano en su bolsillo. se inclinó en su asiento y sacó una caja. "¿Te casarías conmigo, Adriana?"

En ese momento, el piloto apareció en el techo. "Amigos, ha habido una propuesta en el cielo. El hombre en el asiento 22B acaba de proponerle matrimonio a la mujer en el asiento 22A".

Varias personas se inclinaron hacia adelante para ver de quién estaba hablando el piloto. Adriana se puso de color rojo brillante.

"No podía esperar más. Quiero pasar el resto de mi vida contigo", dijo Gerardo. "¿Qué dices?" Adriana asintió. "Digo que sí. Por supuesto, digo sí."

Gerardo deslizó el anillo en su dedo y le dio un beso. Luego, la azafata se acercó con dos copas de champán. "¡Felicidades!" dijo ella y los pasajeros y la tripulación comenzaron a aplaudir.

"No tenía idea de que esto iba a pasar", dijo Adriana, chocando su vaso con el de Gerardo.

. . .

"Lo sé. Iba a esperar un momento agradable y tranquilo como la cena, pero quería hacer un espectáculo de ello. Yo soy así, perdón si te avergoncé, pero tu papá me dio su permiso y no podía esperar", dijo Gerardo.

"Es perfecto", dijo Adriana, mirando su anillo de diamantes blancos por un momento.

Para cuando el avión aterrizó, Adriana y Gerardo se dieron cuenta de que no querían seguir comprometidos por mucho tiempo. Querían casarse lo antes posible. Ya era marzo, así que decidieron que una boda en otoño sería perfecta. Les dio siete meses para hacer la planificación. Estaba hablando por teléfono con sus padres mientras enviaba mensajes de texto a sus amigos en el camino a casa. Fue todo tan emocionante.

La planificación de la boda no fue tan estresante como ella hubiera esperado.

Ambos padres contribuyeron para la boda, lo que permitió pagar una organizadora de bodas que se encargó de casi todo.

. . .

Adriana y Gerardo cenaron con sus padres y su hermana una noche, lo que le dio a Adriana la oportunidad de conocer a todos un poco más. Eran tan amables como Gerardo había descrito. Su hermana sonrió y le dijo a Adriana que sabía que sucedería desde esa segunda cita en el teatro.

Todo lo que Adriana siempre había esperado finalmente se estaba haciendo realidad.

Cuando apareció el 12 de octubre y se puso su vestido de novia, supo que Gerardo era para ella para siempre. Sara, la hermana de Gerardo, fue su dama de honor. Entonces ella tenía a tres de sus mejores amigas como damas de honor.

Gerardo le pidió al padrastro de Adriana que fuera uno de sus padrinos de boda para que tuviera un papel en la boda, ya que su padre fue quien la entregó. Su padrastro se sintió honrado de tener el puesto.

Adriana y Gerardo estaban encantados de tener a ambas familias tan involucradas en la boda.

De pie uno frente al otro en la iglesia, mirándose a los ojos, todo se sentía bien. Mientras el sacerdote hablaba, a Adriana se le puso la piel de gallina.

Esto realmente estaba sucediendo. Se iba a casar con el hombre de sus sueños. "Acepto" era la palabra más fácil que Adriana jamás había pronunciado.

Después de la boda, Adriana y Gerardo se tomaron dos semanas libres para realizar un crucero increíble. Cuando regresaron, pasaron casi una semana mudando todo a una nueva casa que habían comprado.

Un año después, Adriana anunció que estaba embarazada. Los finales felices ocurren, y ellos estaban encantados de poder contar su historia a cualquiera que los escuchara.

8

Avanzando Y Yendo Hacia Arriba

Saber que estás en una mala relación es el comienzo de tu nueva vida. Una vez que es consciente de que hay un problema, se proporciona una luz al final del túnel. Puedes empezar a dar pasos para salir de la mala relación. Puedes tomarte el tiempo para sanar mental y emocionalmente antes de pasar a otra relación.

Pasar de una relación, ya sea que hayas durado una semana o un año, puede ser difícil. De repente estás solo. No importa cuán equivocados hayan sido para ti, es posible que los hayas amado o al menos, hayas amado tu tiempo con ellos. No hay una cantidad específica de tiempo para sanar. Algunas personas pueden necesitar más o menos tiempo para recuperarse.

. . .

Lo importante es que no te apresures a nada hasta que estés realmente listo. De lo contrario, es probable que saltes a otra mala relación porque estás desesperado por no estar solo.

Ahora que has descubierto algunos consejos para descubrir qué es lo que hace que una relación sea mala, puedes salir de ellos y evitarlos en el futuro. Puedes salir de una mala relación y seguir con tu vida.

Seguir adelante y avanzar hacia una mejor relación puedes requerir tantas habilidades como las que se necesitan para salir de una mala relación. Después de todo, el objetivo es aprender de tus errores. Esto requiere un poco de autorreflexión. Sin embargo, cualquier cosa que valga la pena hacer, vale la pena hacerlo bien. Te lo debes a ti mismo. Tu felicidad depende de ello.

Conclusión

¿Cómo realmente superas a alguien? Cuando comienzas a salir con alguien, abres tu corazón y lo dejas entrar. Comienzan a aprender sobre quién eres y qué te motiva. También empiezas a aprender sobre ellos. Sus vidas comienzan a entrelazarse.

Incluso puedes optar por intimar con esa persona.

Alejarte de la relación, sin importar cuán tóxica sea, puede ser difícil. Ya se ha marchado. Ahora tienes que aprender a mirar hacia adelante en lugar de mirar hacia atrás. Si quieres darle una oportunidad a cualquier relación futura, tienes que superar realmente la última. De lo contrario, te aferrarás a demasiado resentimiento. La nueva pareja no tendrá ninguna posibilidad porque tu cabeza no estará completamente en el juego.

Tómate el tiempo para sanar. Esto podría ser días, semanas o incluso meses. Si te está costando años olvidar a alguien, ya sea simplemente una pareja o un cónyuge, puede que sea el momento de hacer una cita con un consejero.

Si bien no hay un tiempo específico para sanar, no debes permitir que una mala relación tome más de tu vida de lo que ya tomó.

El cuidado personal es importante en todo momento, pero más aún después de una ruptura. Tienes que centrarte en ti y en nadie más. No dejes que nadie intente quitarte tu tiempo para ti. Hay muchas cosas que puedes hacer:

- Visita un spa por un día.
- Ir de excursión.
- Pasar algún tiempo visitando a familiares o amigos fuera de la ciudad.
- Mirar algunas de sus películas favoritas en el sofá.

Adelante, date tiempo para llorar la pérdida de la relación. Después de eso, puedes comenzar a avanzar un poco.

También debe haber algo de tiempo para la autorreflexión. Es diferente para todos. Es posible que no sientas que eres una persona completa ahora que estás sin tu pareja. Sin embargo, es lo mejor para ti. Cuanto antes llegues a un acuerdo con esto, más fácil será seguir adelante.

Tienes que recordarte por qué dejaste la relación para empezar. Estaban controlando. Estaban centrados en ellos mismos. Esa gente te estaba usando. Cualquiera que haya sido la razón, elegiste dejar la relación. Reuniste la fuerza suficiente para salir de una relación que no era saludable.

Si bien puede no parecerlo ahora que estás solo, hiciste lo correcto. Ser capaz de superar la relación puede llevar un tiempo. Lo que es crítico es que veas la mala relación tal como era. Era un trampolín.

Necesitabas estar con esa persona para aprender lo que no quieres. Tú no eres responsable de cómo se sientan o de lo que hagan a continuación. Tu primera prioridad tienes que ser tú.

Una de las cosas más importantes que debes recordar es que eres digna de amor. Te mereces toda la felicidad del mundo. Cuando estás fuera de una relación que no fue positiva, puede afectar tu autoestima. Esto significa que tienes que trabajar para asegurarte de tomarte el tiempo para reconstruirte.

¿En qué es realmente buena una persona? A veces, se trata de enfocarnos en lo que nos hace únicos.

Ahora que no estás en una relación, puede ser hora de volver a encarrilar tu vida. La relación en la que estabas no estaba equilibrada de manera uniforme, lo que significa que probablemente tuviste que renunciar a algo de lo que era para que las cosas funcionen. Es hora de reclamar eso.

Cuando tu autoestima realmente ha recibido una paliza, es posible que no te sientas digno. Tu autoestima es de suma importancia. Tienes que hacer lo que sea necesario para construir eso. Puede llevar algo de tiempo. Es posible que un consejero de salud mental necesite ayudarte. A menudo, sin embargo, se trata de aprender a amarse a uno mismo.

No hay manera de que puedas amar a alguien más, o permitirte ser amada, hasta que realmente te ames a ti mismo. No se trata solo de estar cómodo con tu apariencia. Se trata de estar cómodo con los pensamientos en tu cabeza.

No puedes dejar que otra persona dicte lo que sientes por ti mismo.

Si hubo alguien en tu vida que te dijo que no eras importante o que no eras especial, debes recordarte a ti mismo que lo hizo con fines de control. Tenían que decirte esas cosas para poder controlarte.

Los mantras pueden ser extremadamente poderosos. La naturaleza repetitiva de un mantra puede enterrarse profundamente en tu subconsciente para que comiences a creer las palabras. Un mantra puede ser cualquier cosa que quieras que sea.

Tienes que encontrar una manera de amarte a ti mismo.

Cuando puedes amarte, te permites amar a los demás.

También te permite dejar que otros te amen.

Cuando comiences a amarte, será más fácil ver por qué la relación fue mala. Te merecías mucho más de lo que esa persona podía ofrecerte. Es posible que debas recordarte esto periódicamente, especialmente si sientes la necesidad repentina de llamarle y pedirle que vuelva.

Mantente fuerte y deja la relación atrás. Cuando puedas mirar hacia adelante, será mejor para ti. El futuro tiene todo tipo de promesas siempre y cuando no lo mires con las anteojeras puestas.

www.ingramcontent.com/pod-product-compliance
Lightning Source LLC
LaVergne TN
LVHW021717060526
838200LV00050B/2720